Global Economic Prospects and the Developing Countries

1993

This book contains the summary of *Global Economic Prospects and the Developing Countries 1993* in English, French, Spanish, and Arabic.

Cette brochure contient le résumé en anglais, français, espagnol et arabe de la publication *Perspectives économiques mondiales et pays en développement, 1993*.

En esta publicación se incluye el resumen de *Las perspectivas económicas mundiales y los países en desarrollo, 1993*, en inglés, francés, español y árabe.

يتضمن هذا الكتاب موجز "الآفاق الاقتصادية العالمية وعلاقتها بالدول النامية" باللغات الانجليزية والفرنسية والاسبانية والعربية.

The World Bank
Washington, D.C.

© 1993 The International Bank
for Reconstruction and Development / The World Bank
1818 H Street, N.W., Washington, D.C. 20433 U.S.A.

All rights reserved
Manufactured in the United States of America

First printing April 1993

This report was prepared by the staff of the World Bank. The judgments expressed do not necessarily reflect the views of the Board of Executive Directors or the governments they represent.

ISBN 0-8213-2479-9

Contents

Summary *1*

Résumé *13*

Resumen *25*

موجز *37*

Statistical appendix *55*

Summary

Financial environment in the 1990s

Developing country growth has been poor at the start of the 1990s, and in per capita terms has actually declined, partly reflecting the output losses associated with the structural transformation of the former Soviet Union (FSU) and Eastern Europe, the recession in the United States, and its more recent spread to Germany and Japan. Prospects for developing countries are qualified in the short run by an uncertain outlook for recovery in the industrial countries, which represent three-quarters of world output.

Nevertheless, the prospects for the remainder of the decade look brighter, holding out the promise of significantly higher growth rates than in the 1980s. The main reasons underlying the projected improvements in growth rates in developing countries are economic policy reforms, favorable supply side trends, and a stabilization of primary commodity prices, which have been declining for over a decade. Policy reforms instituted by developing countries in the latter half of the 1980s and early 1990s—especially greater openness to trade, dealing with their commercial bank debt overhang, and fiscal consolidation—tend to promote both higher savings rates and renewed access to international capital markets and to raise the efficiency with which capital and labor are used, leading to greater international competitiveness and economic growth.

A new pattern of external finance

These developments will be facilitated by a growing supply of external finance from private sources, especially in the form of foreign direct investment (FDI), bonds, and equity portfolio flows. The 1970s and 1980s were the boom-and-bust years of commercial bank finance to developing countries. But that is only part of the story of a radical shift in the pattern of external financial flows to developing countries in the early 1990s, from debt to equity financing and from bank to nonbank sources. Commercial bank loans have been replaced by bond and equity portfolio flows and greater FDI (figure 1). These nonbank sources have accounted for virtually all the recent growth in financial flows to developing countries. The main significance of these private source flows will be less their terms—which are likely to reflect fairly high real interest rates—than the benefits accompanying them and the likelihood that they will be more efficiently employed than during the heyday of sovereign lending in the 1970s. For FDI these benefits include technology transfer, management know-how, and export marketing access; for bonds, a diversified investor base; and for equity portfolio flows, a reduction in the domestic cost of capital. But as shown later in this book, these new financing opportunities also bring with them new challenges in macroeconomic and financial management.

On the borrowing side also, the private sector has come into its own. In the last few years private sector companies in a range of countries such as Malaysia, Mexico, Thailand, and Turkey have been able to access the international equity and bond markets; consequently, the proportionate decline in private sector borrowing throughout the 1970s up to the mid-1980s has been reversed (figure 2).

Within the overall pattern is a growing gulf between developing countries that can have access to the private capital markets for bank loans, bonds, and stocks and those that cannot. Those countries that avoided debt restructuring (for instance, China, India, Indonesia, and the Republic of Korea) or that have successfully reduced their commercial bank debt as part of a comprehensive reform effort (for instance, Argentina, Chile, and Mexico) have been able to maintain or regain capital market access. By contrast, many severely indebted low- and lower-middle-income countries with largely official debt have little realistic prospect of private market access

Figure 1 Pattern of external finance to developing countries: gross long-term flows

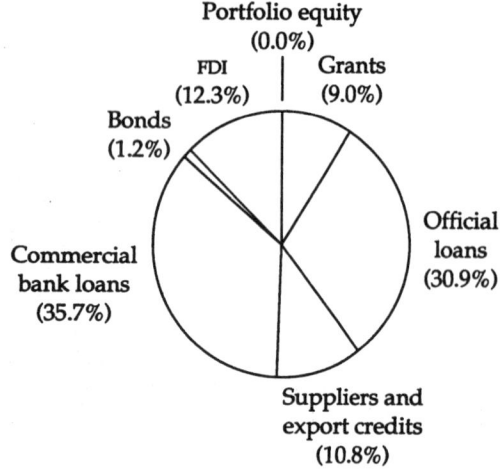

1971—$19.5 billion
- Portfolio equity (0.0%)
- FDI (12.3%)
- Grants (9.0%)
- Bonds (1.2%)
- Commercial bank loans (35.7%)
- Official loans (30.9%)
- Suppliers and export credits (10.8%)

1981—$156.9 billion
- Portfolio equity (0.1%)
- FDI (8.3%)
- Grants (7.3%)
- Bonds (1.2%)
- Commercial bank loans (46.1%)
- Official loans (26.0%)
- Suppliers and export credits (11.0%)

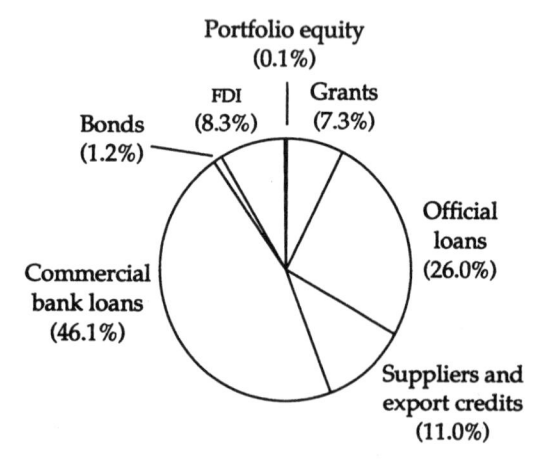

1991—$205.3 billion
- Portfolio equity (3.7%)
- FDI (16.5%)
- Grants (14.5%)
- Bonds (4.8%)
- Commercial bank loans (17.4%)
- Official loans (30.8%)
- Suppliers and export credits (12.3%)

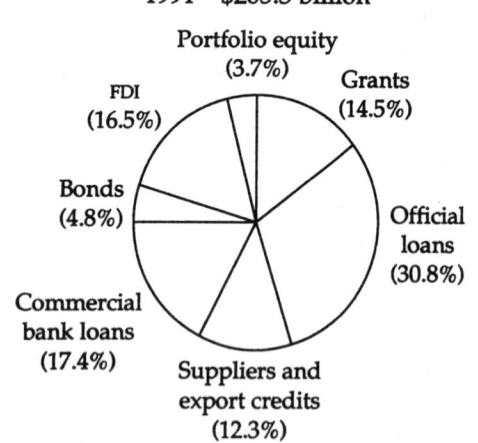

Note: Based on 115 countries for which data are available. Data are not available for the former Soviet Union for 1971 and 1981.
Source: World Bank, DRS, and World Bank staff estimates.

(apart from short-term trade credit) for the foreseeable future.

The poorest countries have been helped by the sustained growth of official flows in the 1970s and 1980s and, within that growth, an increase in the concessional element represented by grants. This trend has ensured that net transfers (that is, net flows less interest payments and profit remittances) have remained positive in recent years for South Asia, the Middle East, and Sub-Saharan Africa (figure 3). Especially noteworthy has been the large scale of official transfers to Sub-Saharan Africa in relation to the size of recipient economies.

External shocks and financial integration

As the pattern of flows has changed, so has the structure of financial markets. An increase in the volatility of interest and exchange rates has raised the benefits of diversification and encouraged a de facto dismantling of capital account controls in developing countries—that is, increased financial integration.

But regardless of the degree of financial integration, developing countries have long been exposed to big external shocks and capital flight. During the past two decades, the variability of external shocks (for example, terms-of-trade and interest rate shocks) has been about twice as large for developing as for industrial countries, often reaching 4 percent of GDP in terms of impact on the current account. Moreover, because of credit rationing in the 1980s, developing countries have been able to finance a much smaller proportion of these shocks and thus have been forced to adjust more because of adverse external shocks than have industrial countries.

Traditionally, capital flight has been viewed as an affliction of a few Latin American countries plus one or two others; the facts indicate otherwise. A high stock of flight capital relative to GDP is a widespread phenomenon (figure 4).[1] By this measure, Sub-Saharan Africa stands much worse than Latin America. The stock of flight capital from Sub-Saharan Africa is equivalent to about 80 percent of GDP. The Middle East and North Africa region also stands badly, with Egypt, Jordan, and Syria having suffered large outflows.

The recent reversal of capital flight, particularly to three Latin American countries—Argentina, Mexico, and Venezuela—underlines the importance of sound domestic policies in respect of, for example, the real exchange rate, the fiscal stance, large-scale privatization, and financial sector repression. Flight capital lags successful adjustment and reform programs, as shown by the fact that Mexican reflows started in 1989, with other Latin American reflows in early 1991.

Figure 2 Private borrowers' share of external financing to developing countries

Private sector share
in total long-term financing

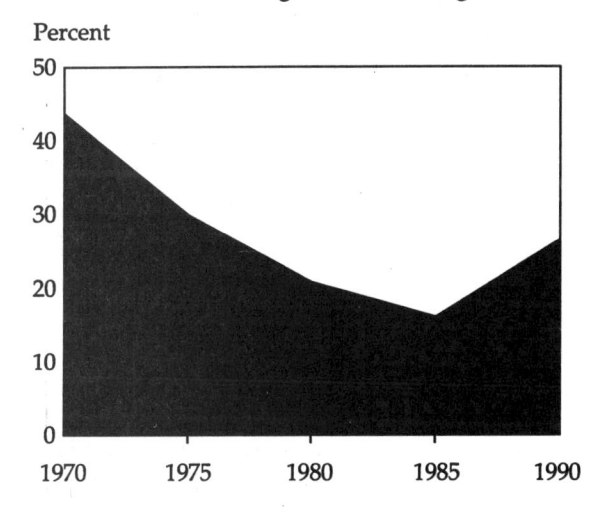

Private sector share
in bond financing

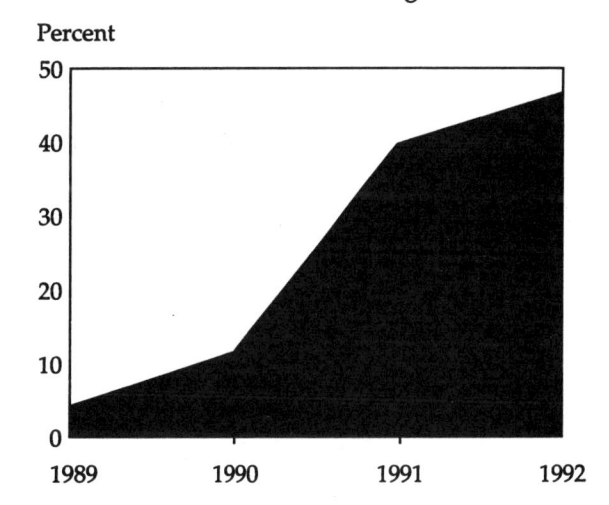

Note: Total long-term financing includes official grants, gross disbursements on official and private debt, including IMF purchases, net FDI inflows, and gross portfolio equity flows. Percentage shares are the shares of private borrowers in, respectively, total long-term financing and bond financing to developing countries.
Source: World Bank, DRS, and World Bank staff estimates.

Major issues in external finance in the 1990s

The new pattern of external finance raises a host of related issues for developing countries. Developing countries need to examine the benefits and sustainability of various forms of finance and evaluate the implications that different financial flows have for macroeconomic and financial management. For foreign direct investment, the issues are what benefits it brings and what conditions are necessary to attract it. For portfolio flows, the issues are whether the recent surge in portfolio flows to developing countries is sustainable and how the consequences of volatile flows can be managed.

Aid at the end of the Cold War also needs rethinking. As more countries become eligible for aid, donors face the problem of how to raise additional resources and improve the quality and allocation of these resources.

Foreign direct investment: benefits beyond finance

Foreign direct investment is a large and growing source of finance that may help developing countries close the technology gap with high-income countries, upgrade managerial skills, and develop their export markets. However, FDI should not be relied upon for medium-term balance-of-payments financing, in part because profit remittances are often high.

FDI flows to developing countries reached US$ 38 billion in 1992, a 50 percent increase from two years earlier, reflecting improved macroeconomic performance (particularly in some Latin American countries, following debt reduction agreements), more welcoming regulatory regimes (for instance, in Thailand), and active privatization and debt conversion programs (figure 5). The share of global FDI going into developing countries has doubled from a low point of less than 12 percent in 1987 to 22 percent in 1991.

Among developing countries, FDI in relation to gross domestic investment (GDI) and output has increased in importance in most regions during the last two decades. For a number of major recipients (Brazil, China, Indonesia, and Korea) the ratio of FDI to GDI remains quite low (between 1 and 4 percent), whereas for two (Malaysia and Venezuela) it is high, at about 20 percent. If the ratio of FDI to GDI for all developing countries rose to half the highest ratios—that is, 10 percent—the increase in FDI would be enormous: about US$ 40 billion per year, or more than the current level of all FDI flows to developing countries.

In the 1980s and 1990s, FDI flows have shifted from the manufacturing and extractive sectors to the ser-

Figure 3 Aggregate net transfers as share of GNP
(percent)

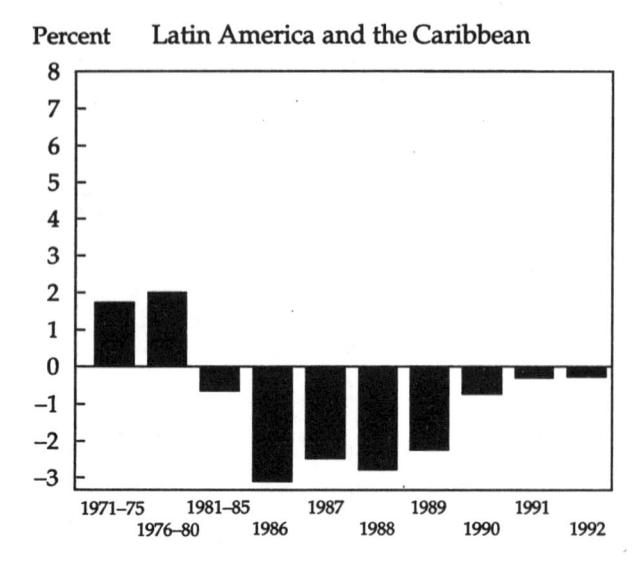

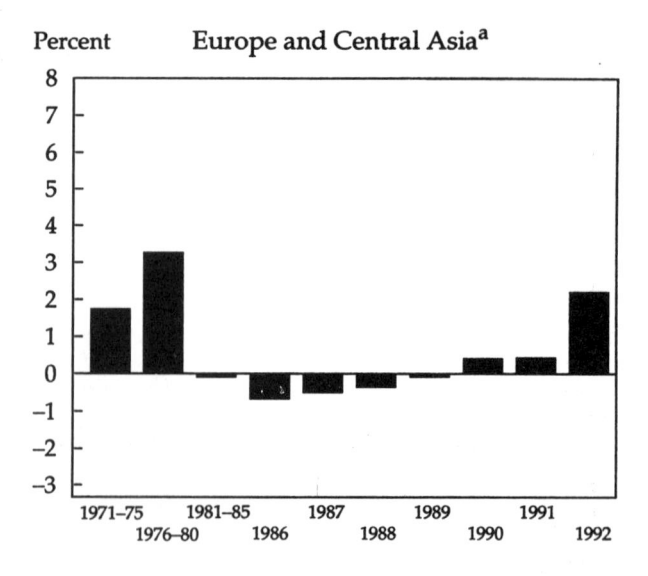

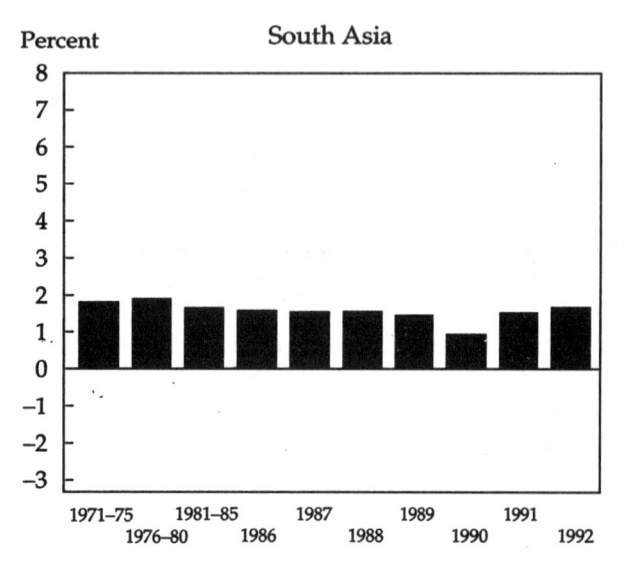

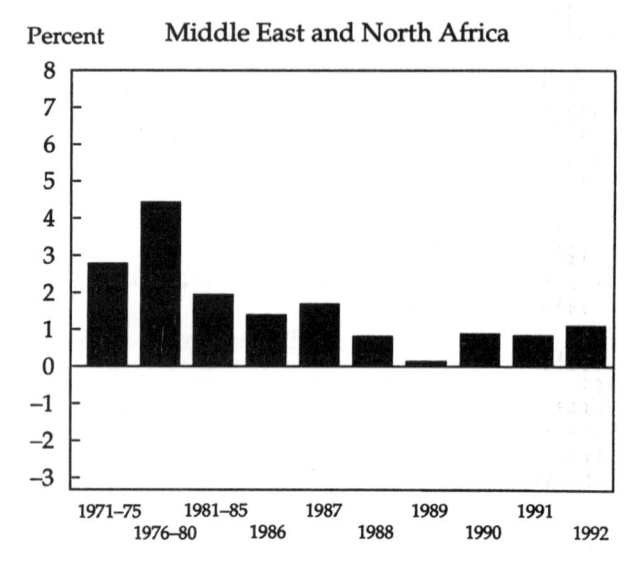

[Four bar charts showing Aggregate net transfers as share of GNP for: Latin America and the Caribbean, Europe and Central Asia[a], South Asia, and Middle East and North Africa, over periods 1971–75, 1976–80, 1981–85, 1986, 1987, 1988, 1989, 1990, 1991, 1992.]

vices sector, particularly the new capital-intensive service industries, such as banking, public utilities, telecommunications, and transportation, which are being privatized.

FDI exerts an important presence in export-oriented manufacturing. For example, foreign firms account for more than half of manufactured exports in Malaysia, Mexico, and the Philippines, and a recent survey of firms in Thailand found that the share was nearly three-quarters (UNTCMD 1992). Much of this employment was engaged in production with high technological and industrial know-how—for example, electrical and electronic equipment, nonelectrical machinery, and chemicals.

FDI is arguably the one source of private capital that any developing country can hope to tap. It reaches both middle- and low-income countries, both big and small, both creditworthy and those that are less so. Unlike bond or stock flows, it does not require an organized capital market. What it does require is a healthy private sector that can earn a reasonable rate of return in a stable macroeconomic environment. And if the host country is to appropriate the benefits of FDI, it must adopt a sound policy framework (for example, outward trade orientation) that minimizes distortions.

Developing countries that wish to attract FDI flows should consider measures such as establishing a transparent legal framework that does not discriminate between local and foreign investors; adopting a liberal foreign exchange regime; and creating investor-friendly regulations and institutions.

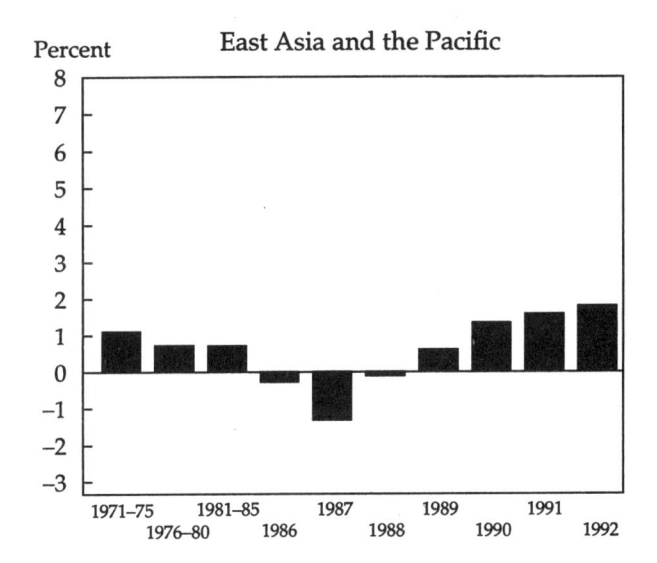

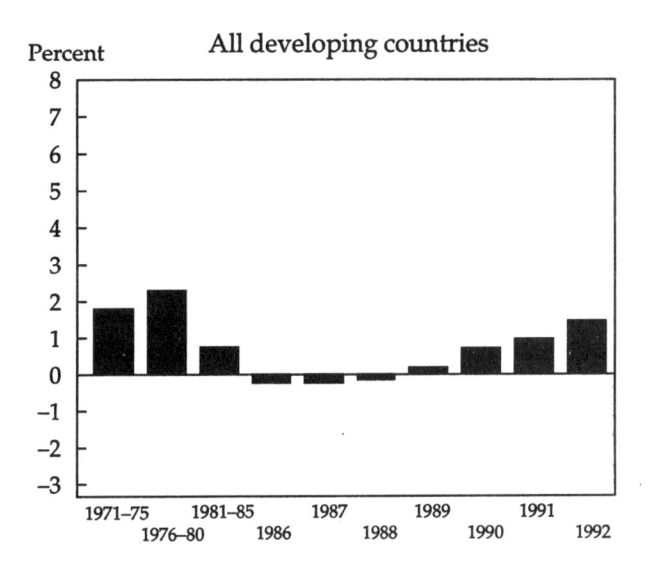

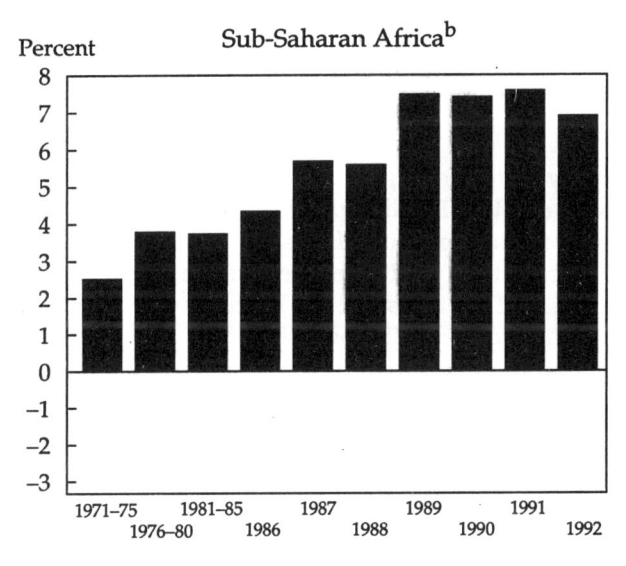

Note: Data for 1971–75, 1976–80, and 1981–85 are period averages.
a. Includes former Soviet Union beginning 1985.
b. Excludes South Africa.
Source: DRS.

The rise in portfolio flows: short-lived or sustainable?

Private portfolio flows, both bonds and equity, have grown explosively from 1989 to 1992. The increase has gone largely to a few countries in Latin America and East Asia, although the range of issuing countries has broadened significantly. Gross equity portfolio flows to Latin American countries have grown more than tenfold in four years, from US$ 434 million in 1989 to an estimated US$ 5.6 billion in 1992, while international bond issues have shown equally dramatic growth. Much of these flows have represented repatriated flight capital, some high risk–high return funds, and some—the minor part—institutional investment by pension funds, insurance companies, trust funds, and money market funds.

The main benefit to developing countries from portfolio flows is a reduction in the cost of capital—by as much as 10 percentage points in the case of Telmex, the Mexican telephone company that was sold internationally in May 1991. Additionally, there are likely to be important spillover benefits to the pricing of domestic stocks.

If industrial country investors held developing country securities in the same proportion as the emerging markets' share of global market value (currently 6 percent), resource flows would increase by some US$ 40 billion per year (based on a 7 percent average yearly growth rate of OECD investors' assets in the medium term and a gradual rebalancing of these investors' existing stock), an increase that is bigger than the current flows of FDI. That would be an optimal strategy if global capital markets were perfectly efficient. The segmentation of developing country markets and consequent low correlation with international market movements constitute one reason for industrial country funds to invest more than proportionately in developing country ("emerging") markets: they offer big diversification benefits and high risk-adjusted returns (figure 6).

Rates of return over the five-year period 1987–91 for the U.S. and emerging stock markets show that if U.S. investors had held 20 percent of their portfolio in emerging markets (compared with actual holdings of a fraction of 1 percent), they would have increased their average return by about 1 percent per year and

Figure 4 Stock of flight capital as a share of GDP by region
(*World Bank residual method*)

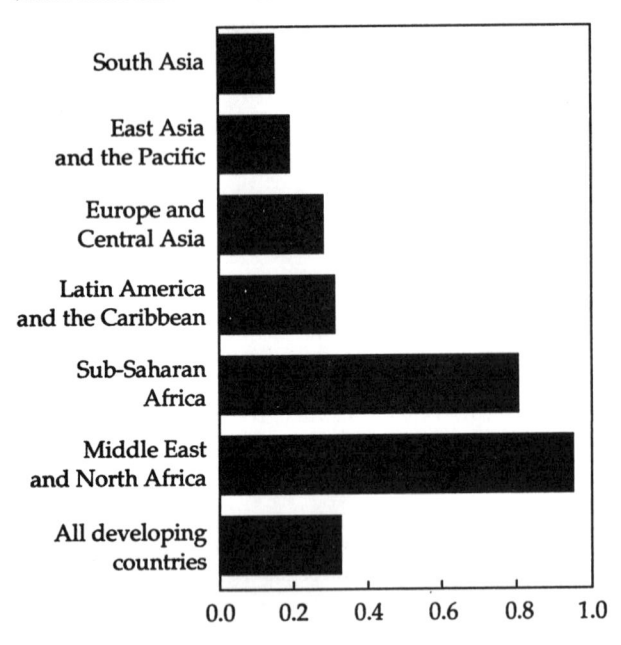

South Asia	~0.13
East Asia and the Pacific	~0.18
Europe and Central Asia	~0.25
Latin America and the Caribbean	~0.30
Sub-Saharan Africa	~0.80
Middle East and North Africa	~0.95
All developing countries	~0.32

Source: World Bank staff estimates.

Figure 5 FDI flows to developing countries

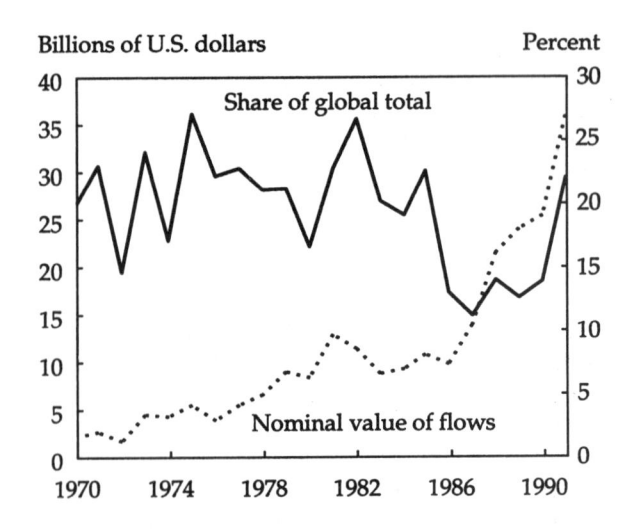

Note: Net inward FDI. Data exclude Saudi Arabia.
Source: IMF *Balance of Payments Yearbook* and World Bank staff estimates.

significantly decreased their risks (as measured by the variability of returns).

Of course, there are good reasons besides conservatism and lack of familiarity that global investors do not invest more in emerging markets. Two important impediments are domestic market shallowness and regulatory constraints. Investors are discouraged by limited availability of information, small market size, and illiquidity. Also of importance are widely varying regulations in source countries governing pension funds, insurance companies, and other institutional investors. A further impediment arises in developing country entry and exit regulations, which vary from placing no significant restrictions on the purchase of stocks and repatriation of income and capital to severely restricting access. Nine emerging markets permit free entry, and a further twelve permit relatively free entry, while six others are restricted.

Concerns over the sustainability of portfolio flows stem largely from the fear of a change in source-country economic conditions. For instance, a reversal of low short-term interest rates and poor growth prospects in the United States may reduce portfolio flows to Latin America. These conditions are an important but by no means a decisive determinant of equity flows. If U.S. dollar real interest rates rose by 100 basis points—a large rise—the net flow of portfolio equity to developing countries would decline by an estimated US$ 2 billion per year (based on a regression of equity portfolio flows on U.S. interest rates, U.S. industrial production, recipient country credit rating, and relative stock market return).

Access to portfolio flows should prove to be reasonably durable, provided recipient countries persist in their policy reforms, although Latin American countries should not expect to receive such large flows in future years as they did in 1991 and 1992. One reason is that recent flows have to some extent represented a one-time stock adjustment by investors.

If developing countries wish to capture the benefit of a reduction in their cost of capital, they should therefore encourage freer corporate sector access to external capital and undertake microeconomic reforms of their capital markets, including the international listing of at least a few stocks. Source-country stock market authorities can help by easing entry requirements.

Aid at the end of the Cold War

Aid at the end of the Cold War is under pressure from newly eligible recipients (both actual and prospective) and the exceptional needs of the reforming socialist economies as well as from financing requirements for addressing international environmental concerns. Donors face the problem of how to raise additional resources if they are to avoid short-changing the needy in poor countries.

Between 1981 and 1991, aid flows were virtually unchanged as a percentage of donor GNP, but this still translated into a real increase in terms of developing country import volume (figure 7). Recently, a few donors (for example, Italy and Sweden) have implemented or announced cuts in aid programs. The one bright spot has been an increase in the degree of concessionality for the poorest countries, with grants often replacing loans.

Aid from donors outside the OECD has generally declined. Arab aid has shown major fluctuations, falling throughout the 1980s from its very high levels in the 1970s. Aid from the FSU and Eastern European donors has fallen off since 1986 and is now confined largely to technical assistance.

Meanwhile, the number of claimants recognized as eligible or potentially eligible for aid has grown. There are three categories of new claimants: first, countries that appear now able to support only concessional borrowing (for example, Angola and Mongolia); second, countries that are potentially reactivated aid recipients, following recovery from a period of poor economic performance and disruptions such as war (for example, Afghanistan, Cambodia, and Viet Nam);[2] and third, some republics of the FSU and the formerly socialist economies of Eastern Europe.

A rough order of magnitude for the call on official development assistance (ODA) by new low- and lower-middle-income claimants is about US$ 5.5 billion annually, equivalent to 10 percent of 1991 ODA disbursements from OECD-DAC to all countries. Including the upper-middle-income countries of the FSU and Eastern Europe (for example, Russia and Hungary), which are arguably temporary exceptional claimants, would add a further US$ 4.5 billion, bringing the extra demand to US$ 10 billion per year, or 19 percent of ODA in 1991 from OECD-DAC.

Aid tends to be concentrated on the poor but not necessarily the poorest countries. Fully one-third of aid goes to middle-income countries. The allocation of aid varies considerably among bilateral donors, with Sweden allocating 81 percent of its aid to low-income countries while the United States and France allocate more than 40 percent of their aid to middle-income recipient countries. Multilateral aid is more concentrated on the poorest, with about 90 percent going to low-income countries. That is one reason to welcome the recent successful conclusion of negotiations on the tenth replenishment of the International Development Association, amounting to SDR13 billion, representing a maintenance of IDA in real terms.

A key measure of the quality of aid is the extent to which it is tied to procurement in the donor country. Although there has been a trend toward less tying of bilateral aid in the past decade, the extent of tying remains high (in contrast to multilateral contributions by these donors, which remain untied). In 1989 the OECD-DAC country average was 44 percent for tied and 7 percent for partially untied aid, compared to 48 percent and 12 percent, respectively, in 1977–79.

The cost of aid tying for recipient countries is hard to estimate, but one study (Jepma 1991) suggests that the direct cost may range upwards from 15 percent of aid provided. (By direct cost is meant the excess in prices of aid-financed deliveries compared to prices of comparable goods and services not obtained through tied procurement.) On that basis, if all aid flows were untied, the economic benefits to developing countries would be worth as much as US$ 4 billion per year, which equals one-fifth of the nominal increase in aid flows over the past decade. Indirect costs are also substantial.

Aid at the end of the Cold War needs to be rethought as to its rationale and needs reworking as to its adequacy and quality. If donor countries agree that with the end of the Cold War, poverty reduction deserves a higher priority, they will wish to review their aid programs in light of issues such as how to ensure that available aid is concentrated on the poor-

---

Figure 6 Impact of diversification on portfolio risk
(risk and return for mixes of U.S. and emerging market indices)

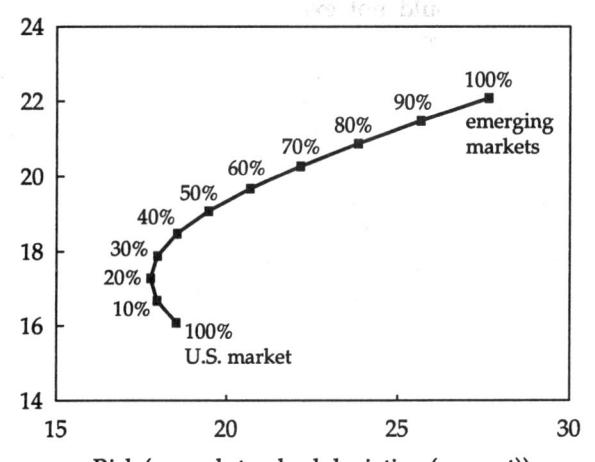

Note: Five-year (1987–91) annual mean total returns. The IFC's U.S. dollar-based Composite Index (of Emerging Markets) consists of twenty emerging stock markets. The U.S. market is represented by the Standard and Poor's 500 index.
Source: IFC *Emerging Stock Markets: Factbook 1992* and World Bank staff estimates.

Figure 7 Real net ODA flows to developing countries

Billions of constant 1991 U.S. dollars

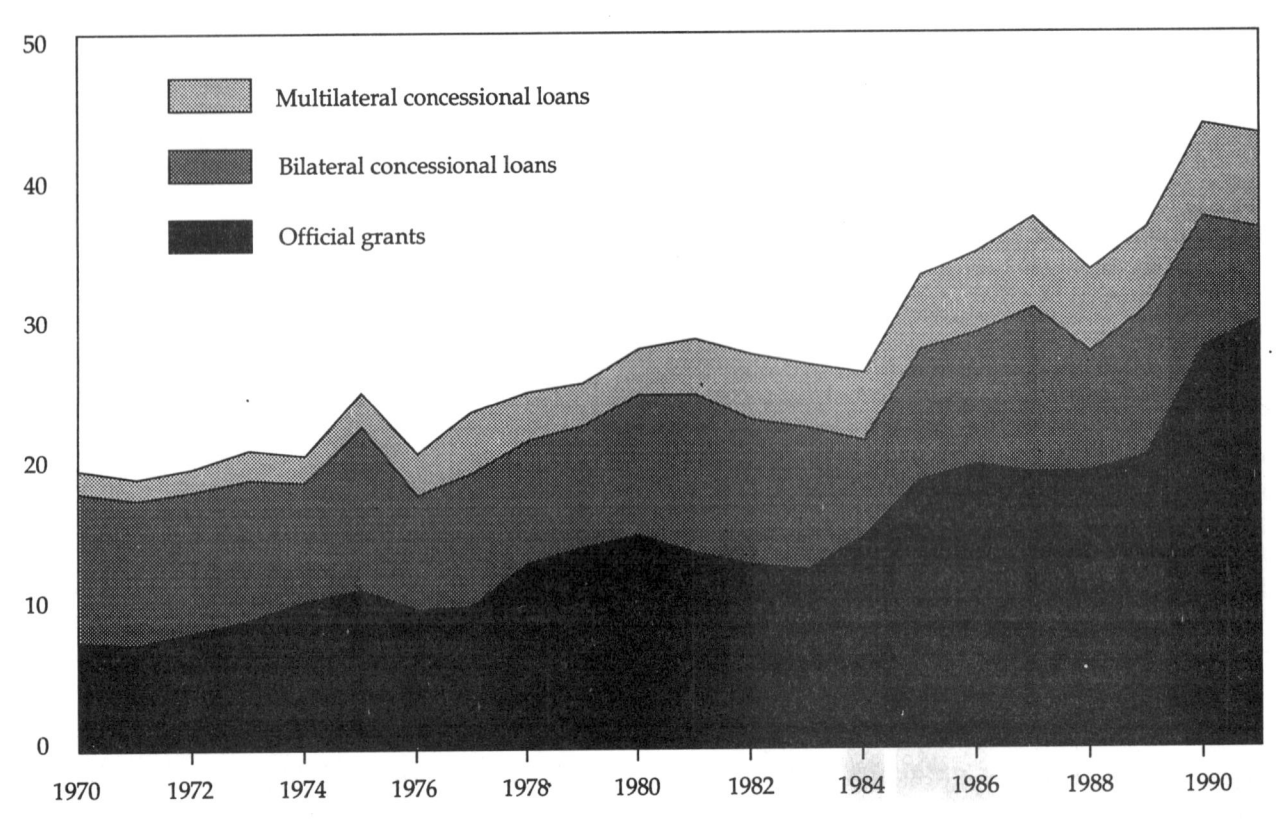

Note: Real flows are nominal flows deflated by an import price index for developing countries.
Source: World Bank, OECD.

est countries and those lacking access to private capital flows and ways to reduce tying and the share of technical cooperation grants in ODA.

Developing-country prospects

The outlook for the international economic environment is mixed. Nevertheless, developing-country prospects for the remainder of the 1990s appear brighter than in the 1980s. The improved prospects are to a large extent the dividend of the comprehensive economic policy reforms undertaken by several developing countries in recent years.

The international economic environment

The economic climate facing developing countries during the next ten years presents both large problems and opportunities (table 1):

- Economic activity in the industrial countries has not only a poor short-term outlook but also an underlying trend of slow growth in productivity, which has prevailed since 1973.
- Real interest rates (mainly long-term rates) are likely to stay high because of a decline in public savings in industrial countries.
- World trade faces an uncertain future, pending completion of the Uruguay Round, but growth in intraregional trade is likely.
- Commodity prices are expected to stabilize in real terms—a sharp break from their twenty-year declining trend—partly because of the extent to which developing countries are shifting out of primary production.
- For creditworthy developing countries, external finance is likely to be in good supply from private sources, but countries without market access will face a limited or even shrinking aid pie.

Figure 8 GDP growth prospects for different developing country regions under the baseline scenario
(*average annual percentage change*)

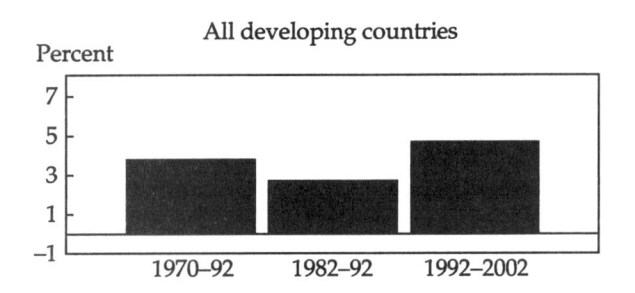

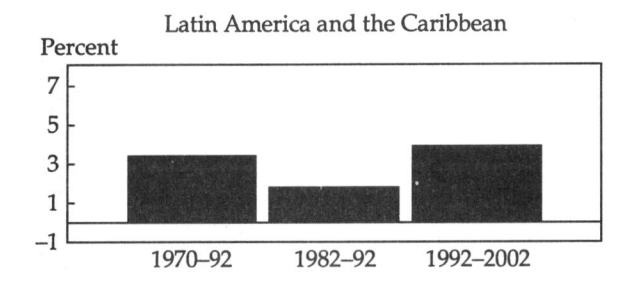

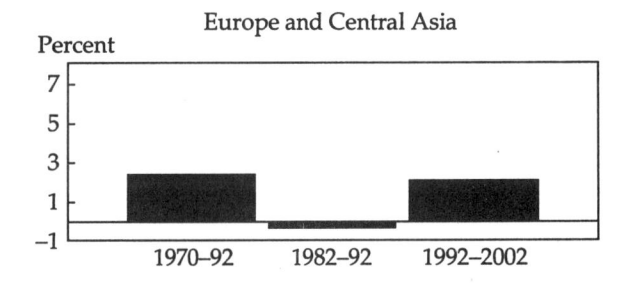

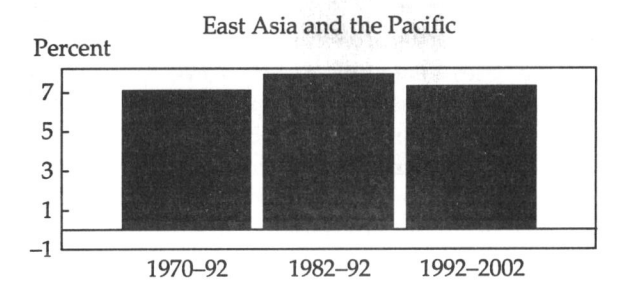

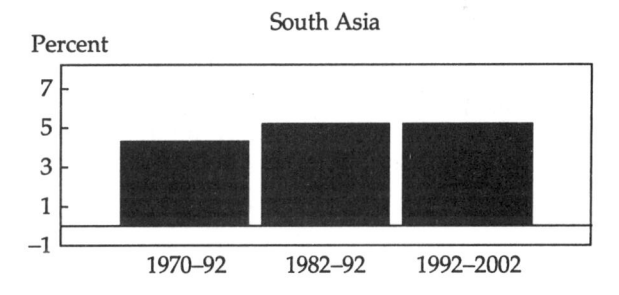

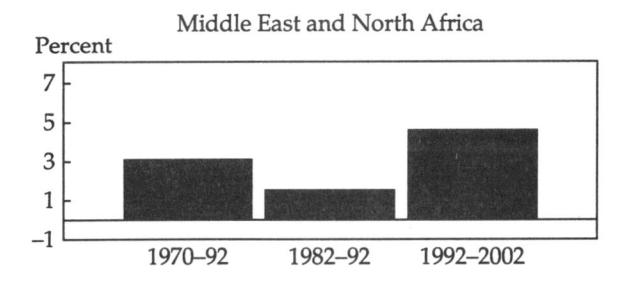

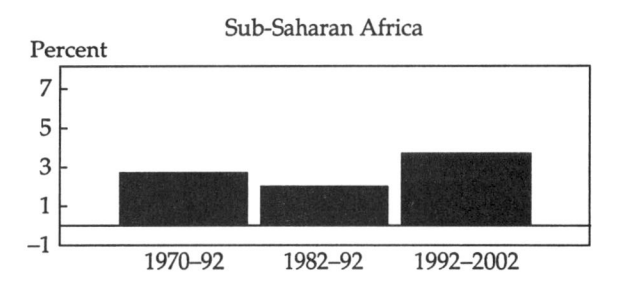

[Bar charts showing GDP growth for periods 1970–92, 1982–92, and 1992–2002 for: All developing countries, Latin America and the Caribbean, Europe and Central Asia, East Asia and the Pacific, South Asia, Middle East and North Africa, Sub-Saharan Africa]

Source: World Bank projections.

Prospects

Within this mixed outlook for the international economic environment, developing country prospects for the remainder of the 1990s nevertheless hold out the promise of higher growth rates (figure 8). Per capita GDP in real terms in developing countries, which was stagnant through the 1980s, is projected to rise at an annual rate of about 2 percent after 1996. This brighter outlook is to a large extent the dividend of the wide-ranging—and often painful—economic policy reforms of the decade.

In the aftermath of the debt crisis, public sector investments in developing countries were squeezed in the 1980s, with devastating effects on infrastructure. As these countries emerge from the debt crisis, the introduction of relatively conservative fiscal and monetary policies has improved incentives to save. Incentives to invest have also improved through privatization, trade liberalization, and greater macroeconomic stability, particularly lower inflation. These factors have combined with a steady improvement in levels of education to result in a turnaround in growth rates in Latin America and the Caribbean region in particular.

A more longstanding beneficiary of these trends is the East Asia and Pacific region, which has been characterized by high growth and greater regional integration in respect to trade and capital flows. The strength of East Asia is an important element in the positive expectations for overall developing country growth and improvements in efficiency. Within this area, the so-called Chinese economic area (CEA), comprising China, Hong Kong, and Taiwan, China, exhibits a large and growing economic mass, sufficient to exert a substantial positive impact on other economies, and a persistence of medium-term growth in the face of shifting external circumstances. Arguably, it is becoming a "fourth growth pole" of the global economy.

For instance, if imports into the Chinese economic area from the rest of the world continue to grow at any rate close to their trend of the past fifteen years (exceeding double digits in volume terms), their absolute increase over the next three years will exceed Japan's, and by the year 2002 they will exceed Japan's in level as well. And if output of goods and services of this area were valued at standard international prices (ICP) rather than through the official exchange rate, by the year 2002 the CEA output would rank ahead of Germany's and Japan's and would be approaching that of the United States, although it would amount to only one-fifth the level in terms of GDP per capita.

Prospects vary widely by region. Both East Asia and South Asia are expected to continue with high growth although somewhat lower than in the past decade. Latin America and the Caribbean region is expected to continue the recovery of 1992. For Sub-Saharan Africa an improved aggregate growth performance is still projected to imply little growth in per capita consumption, thus failing to recover the disastrous declines of the 1980s. After three years of restructuring and fall in output, the countries in Eastern Europe are expected to grow at a rate averaging about 4–5 percent in the medium term. The economies comprising the FSU have undergone a broadly similar collapse of GDP from 1989–92; another large decline in output is expected in 1993, and both the timing and magnitude of recovery remain highly uncertain. The projections are especially uncertain for these economies. The Middle East and North Africa region is expected to experience growth of 4–5 percent, its best performance since the 1970s, thanks to firmer oil prices in real terms from mid-decade onward. As discussed in the final chapter of this book, these projections are based on a variety of assumptions regarding both domestic and international economic developments.

The risk of unfavorable developments in the global economy makes it all the more important that industrial countries take steps to help developing countries meet the challenges of the external environment. One way to do this is by improving developing country access to industrial country markets and ensuring a speedy conclusion to the Uruguay Round. Another is by increasing public sector savings (that is, reducing fiscal deficits), which will tend to lower real interest rates. For FDI, industrial countries can help through the adoption of open trade policies, the conclusion of double taxation treaties, and the establishment of promotional programs and institutions. For portfolio flows, industrial country regulatory authorities should examine the scope for relaxing regulations without jeopardizing prudential standards, as well as easing access to securities market flota-

Table 1 International economic parameters of importance to developing countries
(average annual percentage change, except interest rate)

| | | | | 1992–2002 | |
Indicator	1982–92	1992	1993	Baseline	Low case
G-7 GDP	2.7	1.6	1.9	2.7	2.0
G-3 real interest rate	4.0	1.9	1.8	3.0	3.5
World trade (volume)	3.7	4.5	5.6	5.8	3.0
Export price of manufactures (US$)	4.2	5.1	1.3	2.8	2.0
Price of petroleum (US$)	–5.5	–0.2	–3.2	4.0	2.0
Non-oil commodity price (US$)	–0.3	–4.5	3.3	4.0	1.0

Note: In deriving G-3 real interest rate, three-month interest rates of individual countries have been aggregated using 1987 GDP weights.

tions. And for aid, donor countries should ensure that what is available is concentrated on the poorest countries and on exceptional needs in formerly socialist economies, and they should reduce tying aid to procurement.

The developing world's growing scale of economic activity in the 1990s will pose serious challenges for countries' efforts at better environmental management. If not managed effectively, accelerated growth could increase the dangers of industrial pollution, deforestation, and depletion of water resources. The challenge of sustainable development will be to build the recognition of environmental scarcity into incentives affecting behavior and to counteract market failure with effective policies and institutions. With sound policies and a supportive international economic and financial environment, developing countries can achieve sustainable growth in the coming decade.

Notes

1. Calculated for a set of fifty-eight developing countries for which data were available, representing 65 percent of all developing countries' GDP.

2. Additional exceptional demands have also arisen because of the drought in Africa; for instance, in December 1992, Zimbabwe received a US$ 1.4 billion package of concessional assistance from donors, coordinated by the World Bank.

Résumé

Situation financière dans les années 90

Au début des années 90, les pays en développement ont enregistré un taux de croissance faible et, par habitant, ce taux a en fait baissé, ce qui s'explique en partie par les pertes de production résultant de la transformation structurelle des pays de l'ex-Union soviétique et d'Europe de l'Est, la récession aux Etats-Unis et celle qui a plus récemment touché l'Allemagne et le Japon. Les perspectives des pays en développement sont tempérées, à court terme, par l'incertitude qui entoure la reprise dans les pays industrialisés, qui assurent les trois quarts de la production mondiale. Les perspectives pour le reste de la décennie sont néanmoins plus encourageantes, et l'on escompte des taux de croissance sensiblement plus élevés que dans les années 80. Ces améliorations projetées des taux de croissance dans les pays en développement tiennent essentiellement aux réformes des politiques économiques, à l'évolution positive de l'offre, et à une stabilisation des prix des produits de base, en baisse depuis plus de dix ans. Les réformes entreprises par les pays en développement dans la deuxième moitié des années 80 et au début des années 90, notamment le fait qu'ils aient ouvert davantage leurs frontières aux échanges commerciaux, qu'ils se soient attaqués au problème du surendettement auprès des banques commerciales et qu'ils aient consolidé leurs positions budgétaires, favorisent à la fois un accroissement des taux d'épargne et un accès renouvelé aux marchés financiers internationaux et améliorent l'efficacité de l'utilisation des capitaux et de la main-d'oeuvre, ce qui a pour effet de renforcer leur compétitivité à l'échelle internationale et leur croissance économique.

Nouvelle composition des financements extérieurs

Cette évolution se trouvera facilitée par l'accroissement du financement extérieur privé, notamment sous forme d'investissements directs étrangers (IDE), d'obligations et de prises de participation. Les années 70 et 80 ont vu l'essor et la chute des financements accordés par les banques commerciales aux pays en développement. Mais il ne s'agit là que d'un épisode dans l'évolution radicale des flux de financement extérieurs à destination des pays en développement du début des années 90, où le financement par l'emprunt a fait place au financement en fonds propres, tandis que les banques cédaient le pas aux sources non bancaires. Les prêts accordés par les banques commerciales ont été remplacés par des obligations, des prises de participation et un accroissement des IDE (Figure 1). La quasi-totalité de la croissance récente des flux financiers à destination des pays en développement provient de ces sources non bancaires. L'importance fondamentale de ces flux de sources privées tiendra moins aux conditions dont ils seront assortis — avec des taux d'intérêt réels sans doute assez élevés — qu'aux avantages qui les accompagnent et au fait qu'ils seront probablement utilisés de façon beaucoup plus efficace que ce ne fut le cas pendant les beaux jours des prêts souverains des années 70. Au nombre des avantages que présentent les IDE, on compte le transfert de technologie, le savoir-faire en matière de gestion, et l'accès aux moyens de commercialisation des exportations; les obligations, quant à elles, diversifient la base d'investisseurs, et les prises de participation réduisent le coût intérieur du capital. Mais, comme on le verra dans la suite de cet ouvrage, ces possibilités de financement ne vont pas sans poser des difficultés nouvelles dans le domaine de la gestion macroéconomique et financière.

Pour ce qui est de l'emprunt également, le secteur privé est arrivé à maturité. Au cours des dernières années, les sociétés du secteur privé de pays aussi divers que la Malaisie, le Mexique, la Thaïlande et la Turquie ont pu avoir accès aux marchés obligataires et boursiers internationaux; c'est ce qui a permis de compenser la baisse dans les mêmes proportions des emprunts du secteur privé tout au long des années 70 et au début des années 80 (Figure 2).

Figure 1 Composition du financement extérieur vers les pays en développement : flux bruts à long terme

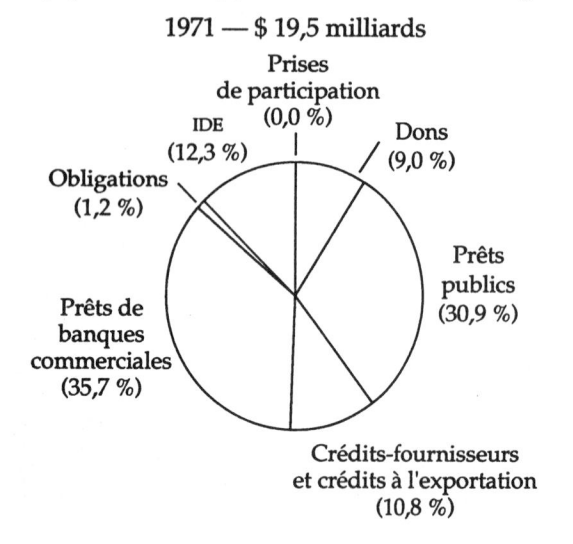

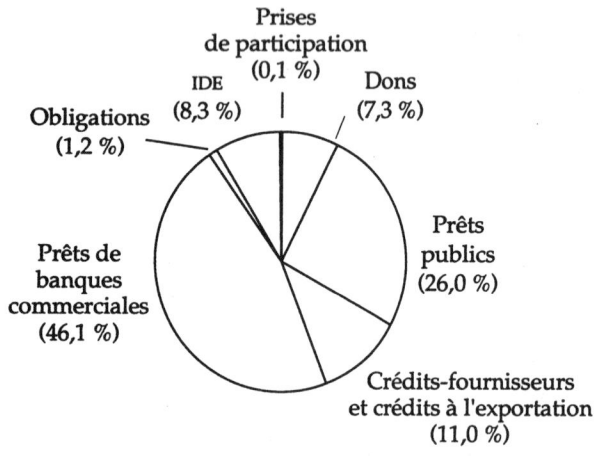

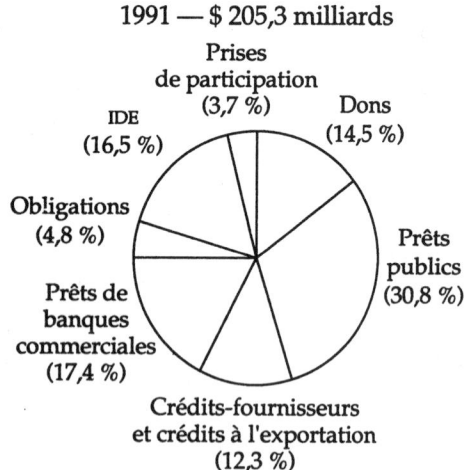

1971 — $ 19,5 milliards
- Prises de participation (0,0 %)
- IDE (12,3 %)
- Dons (9,0 %)
- Obligations (1,2 %)
- Prêts de banques commerciales (35,7 %)
- Prêts publics (30,9 %)
- Crédits-fournisseurs et crédits à l'exportation (10,8 %)

1981 — $ 156,9 milliards
- Prises de participation (0,1 %)
- IDE (8,3 %)
- Dons (7,3 %)
- Obligations (1,2 %)
- Prêts de banques commerciales (46,1 %)
- Prêts publics (26,0 %)
- Crédits-fournisseurs et crédits à l'exportation (11,0 %)

1991 — $ 205,3 milliards
- Prises de participation (3,7 %)
- IDE (16,5 %)
- Dons (14,5 %)
- Obligations (4,8 %)
- Prêts de banques commerciales (17,4 %)
- Prêts publics (30,8 %)
- Crédits-fournisseurs et crédits à l'exportation (12,3 %)

Note : Établi à partir de 115 pays pour lesquels des données étaient disponibles. Il n'y a pas de données disponibles pour l'ex-Union soviétique pour 1971 et 1981.
Sources : Banque mondiale, Système de notification de la dette et estimations des services de la Banque.

On retrouve globalement un fossé de plus en plus profond entre les pays en développement qui ont accès aux marchés financiers privés pour les prêts bancaires, les obligations et les actions, et les autres. Les pays qui ont évité la restructuration de la dette (comme la Chine, la République de Corée, l'Inde et l'Indonésie) ou qui ont réussi à réduire la dette contractée auprès des banques commerciales, dans le cadre de réformes globales (l'Argentine, le Chili et le Mexique, par exemple), ont réussi à conserver ou à regagner l'accès aux marchés financiers. En revanche, bon nombre de pays lourdement endettés à faible revenu et à revenu intermédiaire de la tranche inférieure, dont la dette est essentiellement de source publique, ont peu de possibilités réalistes d'avoir accès aux marchés privés (si ce n'est pour des crédits commerciaux à court terme) dans l'avenir proche.

Les pays les plus pauvres ont bénéficié de la croissance soutenue des flux de capitaux publics des années 70 et 80 et, notamment, d'un accroissement de l'élément concessionnel constitué de dons. C'est ce qui a permis d'assurer que les transferts nets (c'est-à-dire les flux nets moins les paiements d'intérêts et les transferts de bénéfices) sont demeurés positifs pour l'Asie du Sud, le Moyen-Orient et l'Afrique subsaharienne, ces dernières années (Figure 3). Il convient tout particulièrement de noter le volume important de transferts de capitaux publics vers l'Afrique subsaharienne par rapport à la taille des économies bénéficiaires.

Chocs exogènes et intégration financière

La structure des marchés des capitaux a évolué à mesure que celle des flux changeait. En raison des fluctuations accrues des taux d'intérêt et de change, il est devenu plus avantageux de diversifier et cela a encouragé *de facto* le démantèlement des contrôles sur les opérations en capital dans les pays en développement — en d'autres termes, on a abouti à une plus grande intégration financière.

Mais quel que soit le degré d'intégration financière, les pays en développement subissent de longue date les conséquences de chocs exogènes considérables et de la fuite des capitaux. Au cours des vingt dernières années, l'impact des chocs externes (liés aux termes de l'échange ou aux taux d'intérêt, par exemple) sur les pays en développement a été environ deux fois plus fort que sur les pays industrialisés, leur effet sur la balance des paiements courants atteignant souvent 4 % du PIB. De plus, en raison du rationnement du crédit dans les années 80, les pays en développement n'ont été en mesure de financer qu'une partie beaucoup plus réduite des effets de ces chocs, devant donc procéder à des

Figure 2 Part du financement extérieur vers les pays en développement correspondant à des emprunteurs privés

Part du secteur privé dans le financement à long terme total

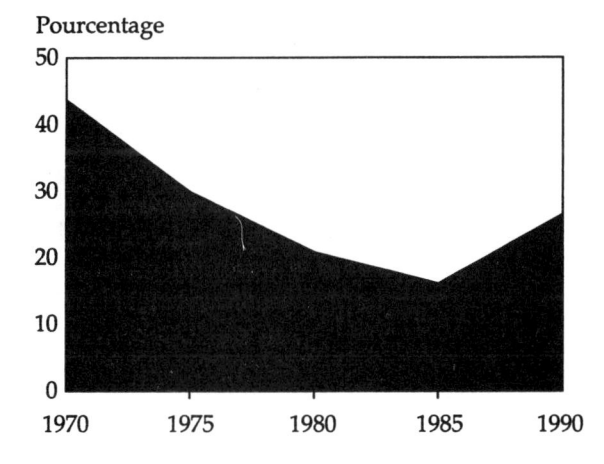

Part du secteur privé dans le financement par émission d'obligations

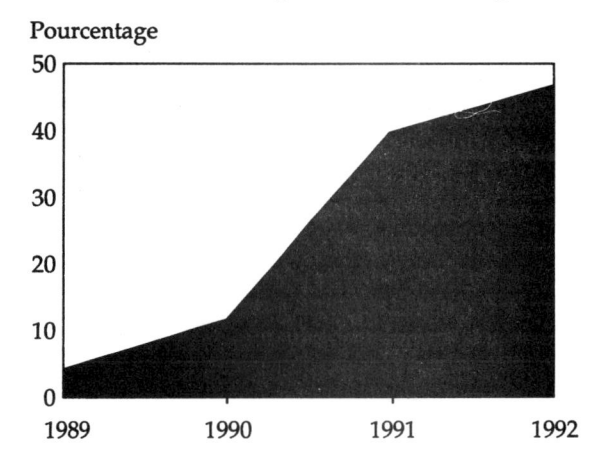

Note : Le total du financement à long terme comprend les dons publics, les décaissements bruts au titre de la dette publique et privée, y compris les achats au FMI, les entrées nettes d'IDE, et les flux bruts au titre de prises de participation. Le pourcentage correspond aux parts des emprunteurs privés dans le total du financement à long terme, d'une part, et dans le financement par émissions d'obligations, d'autre part, à destination des pays en développement.
Sources : Banque mondiale, Système de notification de la dette et estimations des services de la Banque.

---

ajustements beaucoup plus importants que les pays industrialisés.

On considère généralement que la fuite des capitaux touche quelques nations d'Amérique latine plus un ou deux autres pays; la réalité est toute autre. Un volume élevé de capitaux enfuis par rapport au PIB constitue un phénomène largement répandu (Figure 4)[1]. Si ce critère est appliqué, on constate que l'Afrique subsaharienne est en bien plus mauvaise posture que l'Amérique latine. Le stock de capital enfui d'Afrique subsaharienne équivaut à 80 % environ du PIB. La situation du Moyen-Orient et de l'Afrique du Nord à cet égard est également mauvaise dans la mesure où l'Egypte, la Jordanie et la Syrie ont enregistré des sorties considérables de capitaux.

Le fait que le phénomène de la fuite de capitaux se soit inversé récemment, notamment dans trois pays d'Amérique latine — l'Argentine, le Mexique et le Venezuela — souligne l'importance de politiques nationales bien conçues, en particulier dans le domaine du taux de change réel, de la politique budgétaire, de la privatisation à grande échelle et de la répression financière. Un délai s'écoule entre le succès des programmes d'ajustement et de réforme et le début du processus de retour des capitaux enfuis, comme en témoigne le fait que ce processus ait com- mencé en 1989 pour le Mexique et au début de 1991 pour d'autres pays latino-américains.

Principales questions relatives au financement extérieur dans les années 90

La nouvelle composition du financement extérieur soulève toute une série de questions pour les pays en développement. Ils doivent examiner les avantages et la durabilité des divers types de financement et évaluer leur incidence sur la gestion macroéconomique et financière. Pour les investissements directs étrangers, il s'agit de déterminer les avantages qu'ils présentent et les conditions nécessaires pour les attirer. S'agissant des investissements de portefeuille, il faut déterminer si l'accroissement récent de ces flux vers les pays en développement constitue un phénomène durable et comment gérer les conséquences des fluctuations de ces flux.

La guerre froide ayant pris fin, l'heure est venue de se pencher de nouveau sur le concept d'aide. Alors qu'un nombre croissant de pays répondent aux critères pour bénéficier d'une aide, les donateurs doivent trouver des moyens de mobiliser des ressources supplémentaires et d'améliorer la qualité et l'affectation de ces ressources.

Figure 3 Transferts nets globaux en proportion du PNB
(pourcentage)

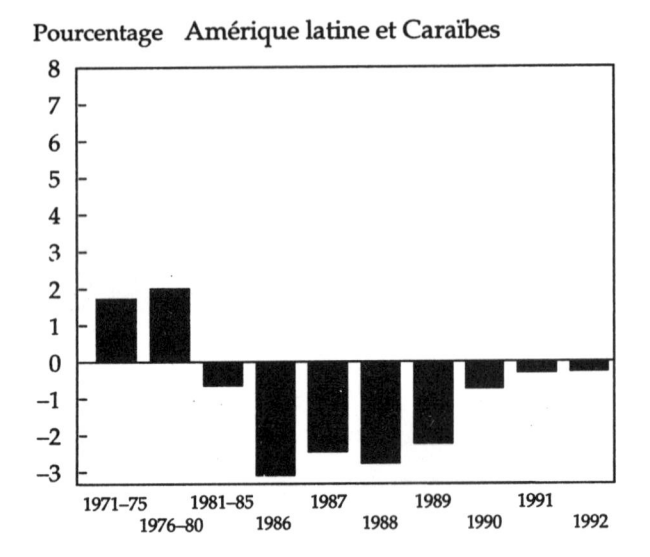

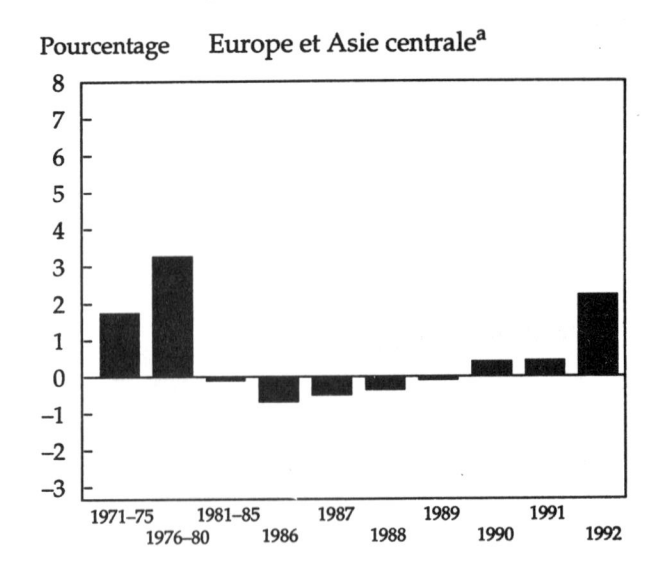

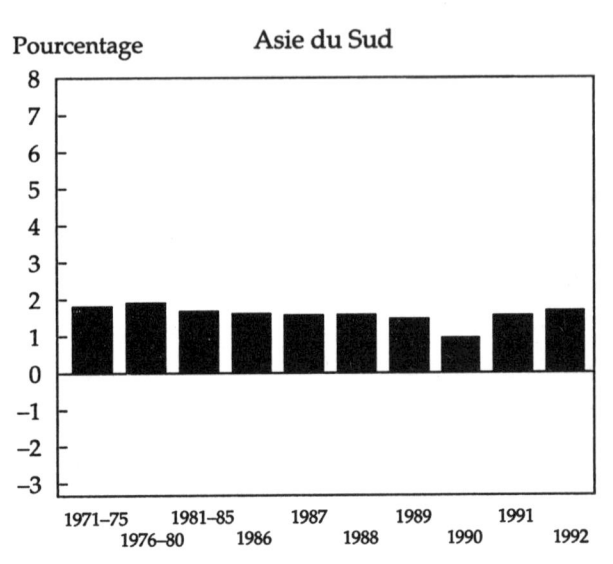

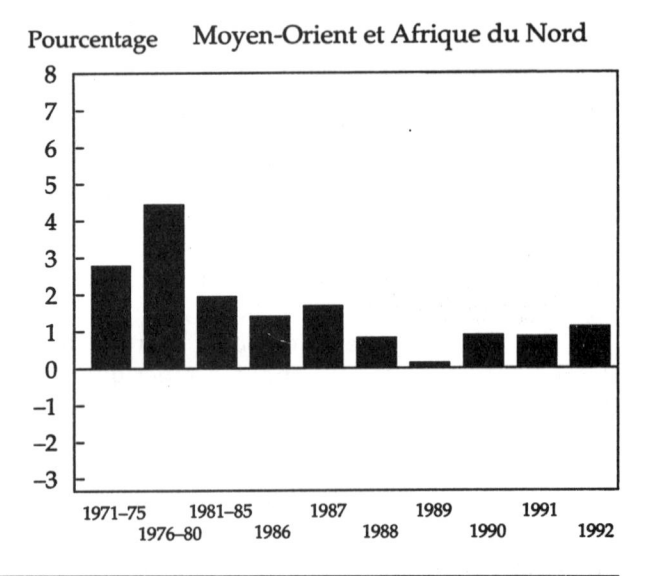

Investissements directs étrangers : avantages autres que financiers

L'investissement direct étranger (IDE) est une source de financement importante et croissante qui peut aider les pays en développement à combler le fossé technologique qui les sépare des pays à revenu élevé, améliorer leurs compétences en matière de gestion et développer leurs marchés à l'exportation. Toutefois, il ne faut pas dépendre des IDE pour financer la balance des paiements à moyen terme, en partie du fait que les transferts de bénéfices sont souvent élevés.

Le flux d'IDE vers les pays en développement a atteint 38 milliards de dollars en 1992, soit une augmentation de 50 % en deux ans, ce qui s'explique par l'amélioration des résultats macroéconomiques (notamment dans certains pays latino-américains, à la suite des accords de réduction de la dette), par des régimes réglementaires plus propices (par exemple, en Thaïlande), et des programmes efficaces de privatisation et de conversion de la dette (Figure 5). En 1991, la part du total des IDE destinés aux pays en développement a atteint 22 %, soit deux fois plus que son bas niveau de 1987, inférieur à 12 %.

Dans les pays en développement, l'investissement direct étranger par rapport à l'investissement intérieur brut et à la production a considérablement augmenté dans la plupart des régions ces vingt dernières années. Pour un certain nombre des principaux pays bénéficiaires (Brésil, Chine, Corée et Indonésie), le ratio IDE/investissement intérieur brut

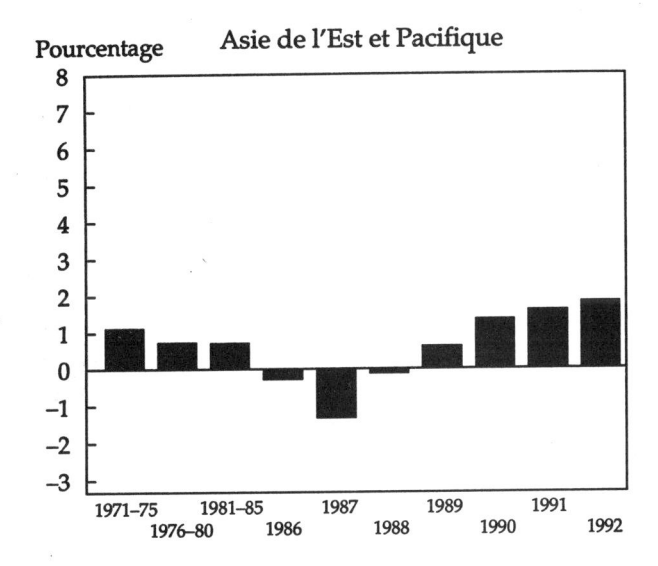

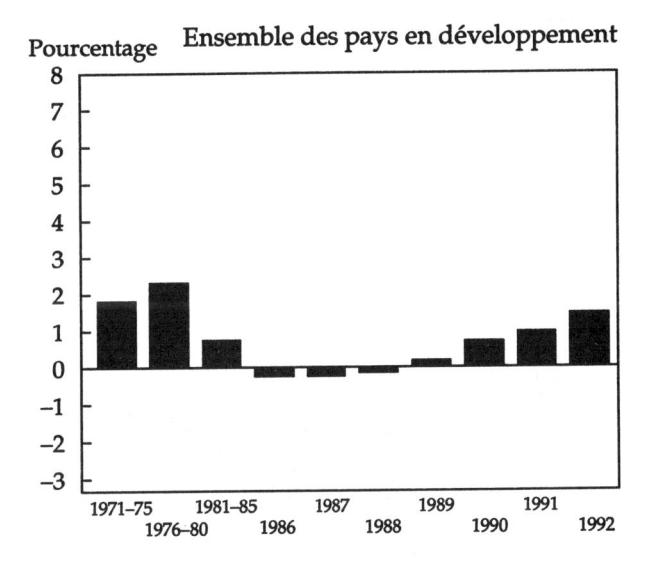

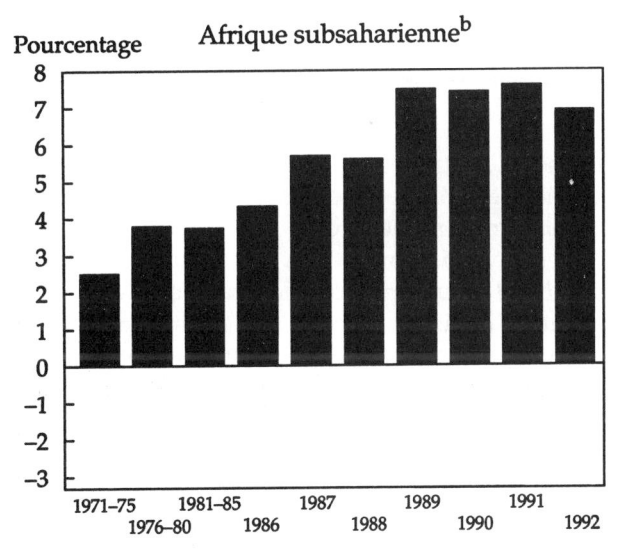

Asie de l'Est et Pacifique
Pourcentage

Afrique subsaharienne[b]
Pourcentage

Ensemble des pays en développement
Pourcentage

Note : Les données pour 1971–75, 1976–80 et 1981–85 correspondent à la moyenne sur la période en question.
a. Comprend l'ex-Union soviétique à compter de 1985.
b. Ne comprend pas l'Afrique du Sud.
Source : Système de notification de la dette.

---

demeure assez faible (entre 1 et 4 %), tandis que pour deux d'entre eux (Malaisie et Venezuela), il est élevé, se situant autour de 20 %. Si le ratio IDE/investissement intérieur brut pour tous les pays en développement atteignait la moitié des ratios les plus élevés, c'est-à-dire 10 %, l'accroissement des IDE serait énorme : environ 40 milliards de dollars par an, soit plus que le montant actuel de la totalité des flux d'IDE vers les pays en développement.

Dans les années 80 et 90, les IDE sont passés des secteurs de la transformation et de l'extraction vers le secteur des services, en particulier vers les nouvelles industries de services, à forte intensité de capital, telles que le secteur bancaire, les sociétés de services publics, les télécommunications et les transports, en cours de privatisation.

L'incidence des IDE se fait fortement sentir dans l'industrie de transformation à vocation exportatrice. Par exemple, les entreprises étrangères sont à l'origine de plus de la moitié des exportations de produits manufacturés de Malaisie, du Mexique et des Philippines, et d'après une étude récente, en Thaïlande, cette proportion s'élève à près des trois quarts (UNTCMD, 1992). Il s'agit, pour l'essentiel, d'entreprises de production de pointe et de haute technicité, comme celles qui produisent des équipements électriques et électroniques, du matériel non électrique et des produits chimiques.

S'il est une source de financement privé que les pays en développement peuvent espérer mettre à contribution, c'est bien l'investissement direct étranger. Il est destiné tant aux pays à faible revenu qu'aux pays à revenu intermédiaire, quelle que soit leur taille, qu'ils soient solvables ou moins solvables. A la différence des flux d'obligations et d'actions, il n'est pas nécessaire de disposer d'un marché financier organisé. La composante indispensable est un secteur privé en bonne santé qui peut obtenir un taux de rendement acceptable dans un environnement macroéconomique stable. Et, si un pays veut bénéficier des avantages qu'offrent les IDE, il doit mettre en place un cadre de politique économique bien conçu (orienté, par exemple, vers les échanges commerciaux extérieurs) qui minimise les distorsions.

Figure 4 Stock de capitaux enfuis en proportion du PIB par région
(méthode résiduelle de la Banque mondiale)

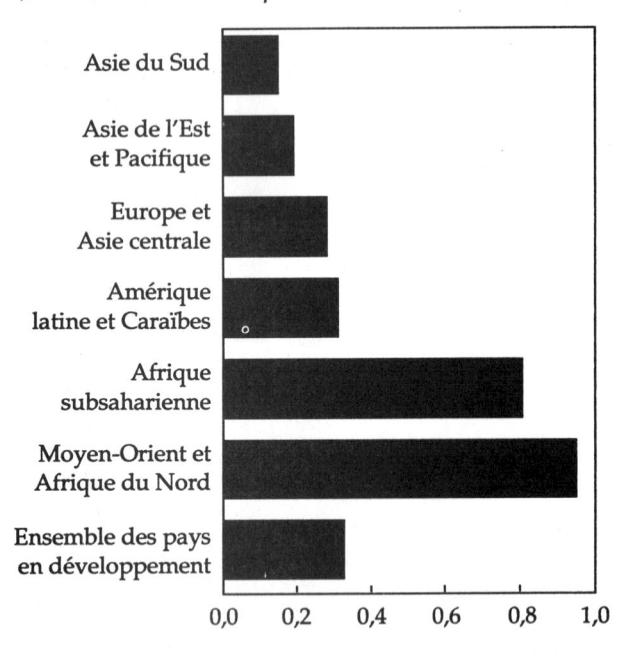

Source : Estimations des services de la Banque mondiale.

Figure 5 Flux d'IDE vers les pays en développement

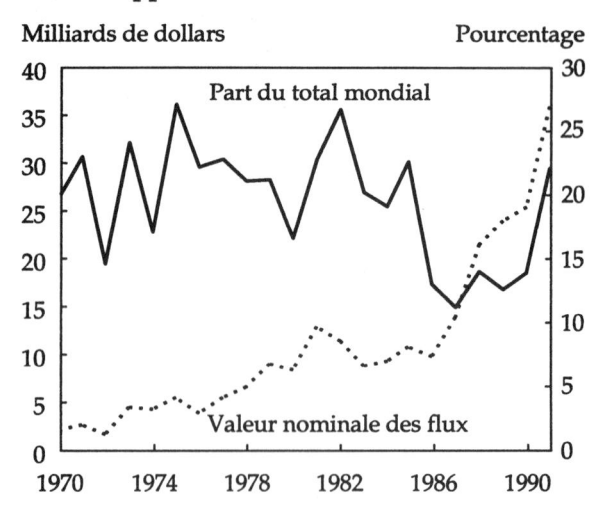

Note : Entrées nettes d'IDE. Les données ne comprennent pas l'Arabie saoudite.
Source : *Annuaire de la balance des paiements du FMI* et estimations des services de la Banque mondiale.

Les pays en développement qui souhaitent attirer des flux d'IDE devraient envisager d'adopter des mesures telles que la mise en place d'un cadre juridique transparent qui ne privilégie pas les investisseurs nationaux par rapport aux investisseurs étrangers, l'adoption d'un régime de change libéral, et l'instauration de réglementations et d'institutions favorables aux investisseurs.

Croissance des investissements de portefeuille : phénomène éphémère ou durable?

Les investissements de portefeuille privés, qu'il s'agisse d'obligations ou d'actions, sont montés en flèche de 1989 à 1992. Cette augmentation a été destinée principalement à quelques pays d'Amérique latine et d'Asie de l'Est, bien que la gamme des pays d'origine se soit considérablement étendue. Les flux bruts d'investissements sous forme de participations vers les pays d'Amérique latine ont plus que décuplé en quatre ans, passant de 434 millions de dollars en 1989 à 5,6 milliards de dollars en 1992, d'après les estimations, tandis que la croissance des émissions obligataires internationales augmentait tout autant. Ces flux correspondent pour l'essentiel au retour des capitaux enfuis, à des fonds à risques et rendements élevés et, dans une moindre mesure, à des investissements institutionnels par des caisses de retraites, des compagnies d'assurances, des sociétés d'investissement et des fonds communs de placement monétaire.

Les investissements de portefeuille ont pour principal avantage, pour les pays en développement, d'abaisser le coût du capital, réduction pouvant aller jusqu'à 10 points de pourcentage comme dans le cas de Telmex, la compagnie de téléphone mexicaine qui a été vendue sur le marché international en mai 1991. De plus, il est probable que des avantages importants en découlent pour le cours des actions du pays.

Si les investisseurs des pays industrialisés détenaient la même proportion de titres des pays en développement que la part que représentent les marchés naissants dans la valeur du marché mondial (actuellement 6 %), les flux de ressources augmenteraient de 40 milliards de dollars par an environ (sur la base d'un taux de croissance annuel moyen de 7 % des actifs des investisseurs de l'OCDE à moyen terme et d'un rééquilibrage progressif du portefeuille qu'ils détiennent actuellement), augmentation supérieure aux flux actuels d'IDE. Ce serait une stratégie optimale si les marchés financiers mondiaux étaient parfaitement efficaces. La segmentation des marchés des pays en développement et le fait que les fluctuations des marchés internationaux les affecte donc peu constituent l'un des facteurs qui incitent les fonds des pays industrialisés à investir plus que proportionnellement dans les marchés (« naissants ») des pays en développement : ils offrent des avantages très diversifiés et des rendements reflétant les risques élevés encourus (Figure 6).

Les taux de rendement sur la période de cinq ans de 1987 à 1991 pour les Etats-Unis et les marchés boursiers naissants montrent que si les investisseurs américains avaient détenu 20 % de leur portefeuille dans les marchés naissants (au lieu de la fraction de pourcentage qu'ils détiennent effectivement), ils auraient accru leur rendement moyen de 1 % par an environ et leurs risques auraient sensiblement diminué (mesurés par la variabilité des rendements).

Bien entendu, outre la prudence des investisseurs mondiaux et le fait qu'ils ne connaissent pas bien ces marchés, de bonnes raisons expliquent qu'ils n'investissent pas plus sur les marchés naissants. Deux obstacles importants proviennent de ce que ces marchés sont peu développés et qu'il existe des contraintes réglementaires. Les investisseurs sont découragés par les informations limitées mises à leur disposition, l'étroitesse des marchés et le manque de liquidité. Il faut également tenir compte du fait que les réglementations qui s'appliquent aux caisses de retraite, aux compagnies d'assurances et aux autres investisseurs institutionnels varient énormément dans les pays d'origine. A cela s'ajoutent les réglementations d'entrée et de sortie en vigueur dans les pays en développement, l'éventail s'étend en effet de ceux qui n'appliquent pas de restrictions importantes à l'achat d'actions et au rapatriement des bénéfices et des capitaux, à ceux qui limitent très strictement l'accès aux marchés. Neuf marchés naissants ne réglementent pas l'accès, douze autres autorisent l'accès assez librement, tandis que six appliquent des restrictions.

Les préoccupations relatives au caractère durable des investissements de portefeuille tiennent essentiellement à la crainte d'un revirement de la situation économique dans les pays d'origine. Par exemple, si la tendance actuelle aux Etats-Unis, caractérisée par des taux d'intérêt bas à court terme et de faibles perspectives de croissance, s'inversait, les investissements de portefeuille vers l'Amérique latine pourraient s'en trouver réduits. Il s'agit là d'éléments importants mais en aucun cas déterminants pour les flux de participations. Si les taux d'intérêt réels en dollars augmentaient de 100 points de base, ce qui représenterait une hausse considérable, le flux net d'investissements sous forme de participations à destination des pays en développement diminuerait, d'après les estimations, de 2 milliards de dollars par an (à partir d'une régression des participations de portefeuille en fonction des taux d'intérêts américains, de la production industrielle des Etats-Unis, de la cote de crédit du pays bénéficiaire et du rendement relatif du marché boursier).

L'accès aux investissements de portefeuille devrait s'avérer relativement durable à condition que les pays bénéficiaires persistent dans leurs efforts de réforme; les pays d'Amérique latine ne doivent toutefois pas s'attendre à recevoir ces prochaines années des flux aussi importants qu'en 1991 et 1992. Cela s'explique notamment par le fait que les flux récemment enregistrés correspondent en quelque sorte à un ajustement ponctuel du portefeuille des investisseurs.

Si les pays en développement souhaitent tirer parti d'une réduction du coût intérieur du capital, ils doivent donc encourager un accès plus libre du secteur des entreprises aux capitaux extérieurs et appliquer des réformes microéconomiques à leurs marchés financiers, en permettant notamment que quelques actions au moins soient cotées internationalement. Les autorités boursières des pays d'origine peuvent y contribuer en assouplissant les conditions d'entrée.

Aide au terme de la guerre froide

Au terme de la guerre froide, la situation en matière d'aide est difficile en raison du nombre de nouveaux pays remplissant dès à présent les critères pour bénéficier de l'aide, ou susceptibles d'en bénéficier,

---

Figure 6 Impact de la diversification sur les risques de portefeuille
(risque et rendement pour des combinaisons d'indices des Etats-Unis et des marchés naissants)

Rendement annuel moyen (pourcentage)

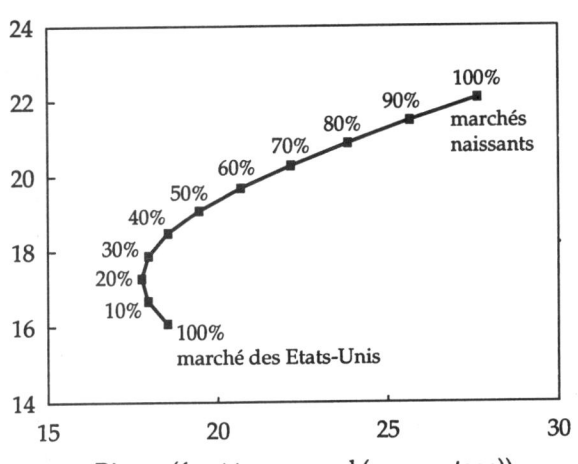

[Graphique montrant une courbe de risque-rendement allant de 100% marché des Etats-Unis (risque ~18, rendement ~16) à 100% marchés naissants (risque ~27, rendement ~22), avec des points intermédiaires à 10%, 20%, 30%, 40%, 50%, 60%, 70%, 80%, 90%]

Risque (écart type annuel (pourcentage))

Note : Rendement total moyen annuel sur cinq ans (1987–91). L'indice composite en dollars de la SFI (pour les marchés naissants) comprend 20 marchés boursiers naissants. Le marché américain est représenté par l'indice 500 de Standard and Poor.
Source : IFC *Emerging Stock Markets: Factbook 1992*, et estimations des services de la Banque mondiale.

Figure 7 Flux nets réels d'APD vers les pays en développement

Milliards de dollars constants de 1991

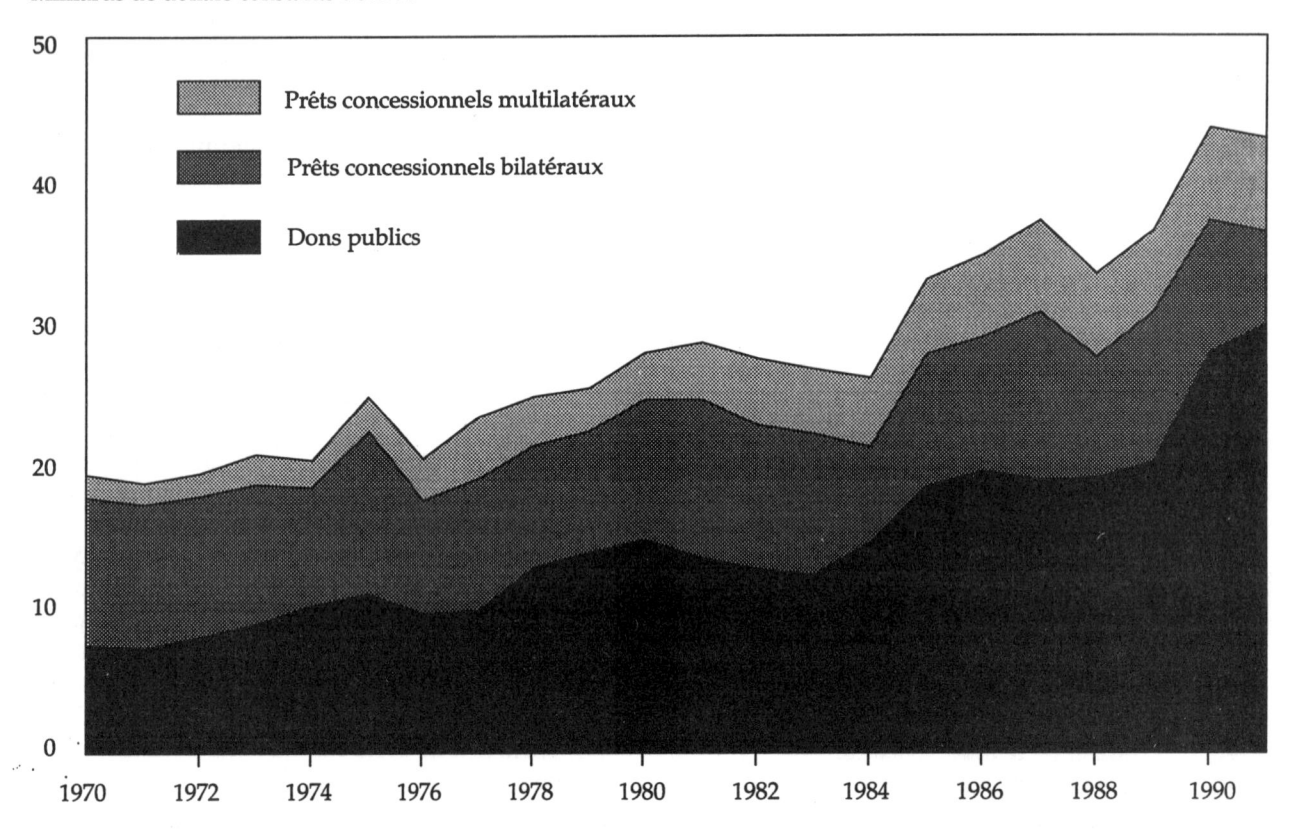

[Graphique en aires empilées de 1970 à 1991 montrant : Prêts concessionnels multilatéraux, Prêts concessionnels bilatéraux, Dons publics]

Note : Les flux réels sont les flux nominaux déflatés par un indice des prix à l'importation pour les pays en développement.
Source : Banque mondiale, OCDE.

et des besoins exceptionnels des économies socialistes en transition, ainsi que des besoins de financement liés aux problèmes d'environnement internationaux. Les donateurs doivent déterminer comment mobiliser des ressources supplémentaires pour éviter de laisser pour compte les plus défavorisés dans les pays pauvres.

Entre 1981 et 1991, les flux d'aide sont demeurés presque inchangés en pourcentage du PNB des donateurs, mais cela a néanmoins correspondu à une augmentation réelle en termes de volume d'importations des pays en développement (Figure 7). Récemment, quelques donateurs (l'Italie et la Suède, par exemple) ont mis en oeuvre ou annoncé des réductions de leurs programmes d'aide. Le seul élément positif provient du degré accru de concessionnalité accordé aux pays les plus pauvres, dans la mesure où des dons remplacent souvent les prêts.

L'aide des donateurs non membres de l'OCDE a, en général, diminué. L'aide des pays arabes a enregistré des fluctuations importantes, baissant tout au long des années 80 par rapport aux niveaux très élevés des années 70. L'aide en provenance de l'ex-Union soviétique et des pays d'Europe de l'Est a chuté depuis 1986 et se limite désormais essentiellement à de l'assistance technique.

Parallèlement, le nombre de pays demandeurs remplissant effectivement ou potentiellement les critères pour bénéficier de l'aide a augmenté. Ces nouveaux demandeurs sont répartis en trois catégories : premièrement, les pays dont on estime actuellement qu'ils ne peuvent recevoir que des prêts assortis de conditions concessionnelles (comme l'Angola et la Mongolie); deuxièmement, les pays qui pourraient repasser dans la catégorie admise à bénéficier de l'aide, du fait qu'ils ont enregistré une reprise après une période de mauvais résultats

Figure 8 Perspectives de croissance du PIB pour différentes régions de pays en développement selon le scénario de référence
(*variation annuelle moyenne en pourcentage*)

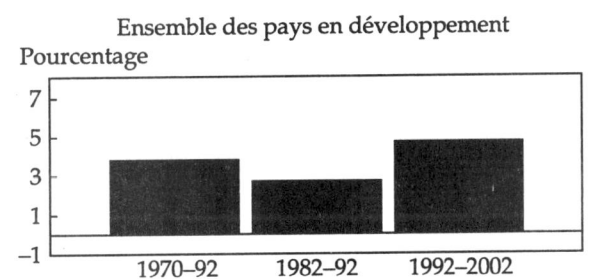

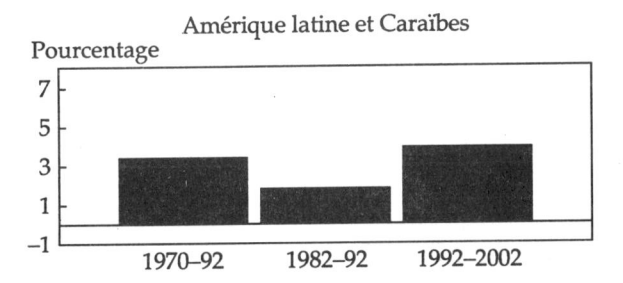

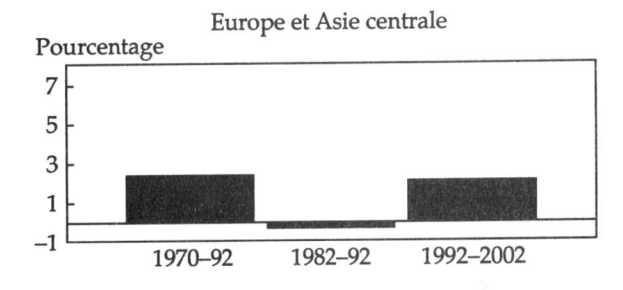

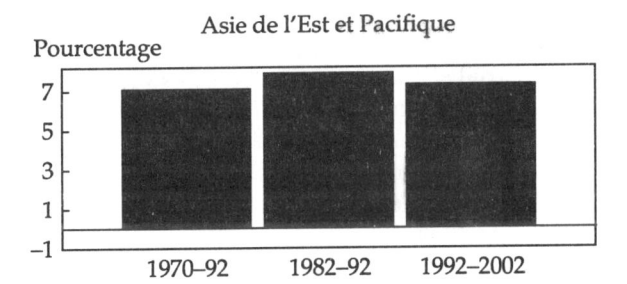

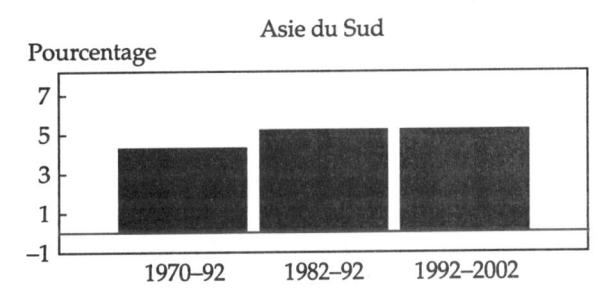

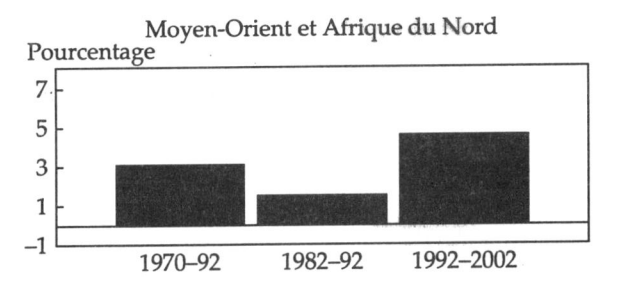

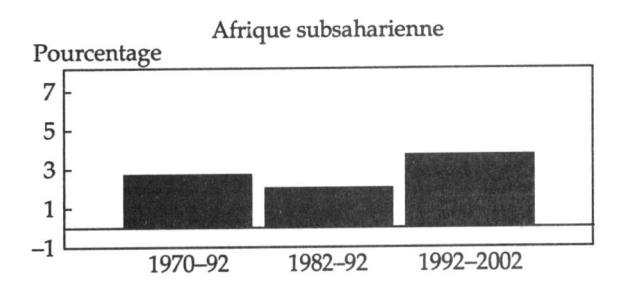

Ensemble des pays en développement

Amérique latine et Caraïbes

Europe et Asie centrale

Asie de l'Est et Pacifique

Asie du Sud

Moyen-Orient et Afrique du Nord

Afrique subsaharienne

Source : Projections de la Banque mondiale.

économiques et de perturbations résultant, par exemple, de conflits armés (c'est le cas de l'Afghanistan, du Cambodge et du Viet Nam)[2] et, troisièmement, certaines républiques de l'ex-Union soviétique et les anciennes économies socialistes d'Europe de l'Est.

L'aide publique au développement (APD) dont ont besoin les nouveaux pays à faible revenu et à revenu intermédiaire de la tranche inférieure est de l'ordre de 5,5 milliards de dollars par an, soit l'équivalent de 10 % des décaissements au titre de l'APD du Comité d'aide au développement (CAD) de l'OCDE en 1991 pour l'ensemble des pays. Si l'on incluait les pays à revenu intermédiaire de la tranche supérieure de l'ex-Union soviétique et d'Europe de l'Est (par exemple, la Russie et la Hongrie), dont on peut dire qu'ils sont des demandeurs temporaires exceptionnels, il faudrait ajouter 4,5 milliards de dollars, la demande supplémentaire s'élevant donc à 10 milliards de dollars par an, soit 19 % de l'APD accordée par le CAD en 1991.

En général, l'aide est concentrée dans les pays pauvres mais pas nécessairement dans les pays les plus pauvres. Un tiers de l'aide est totalement destinée aux pays à revenu intermédiaire. L'affectation de l'aide varie énormément d'un pays donateur bilatéral à l'autre; en effet, la Suède alloue 81 % de son aide aux pays à faible revenu, tandis que les Etats-Unis et la France allouent plus de 40 % de leur aide à des pays à revenu intermédiaire. L'aide multilatérale est plus concentrée sur les pays les plus pauvres, 90 % environ étant destinés aux pays à faible revenu. C'est une des raisons qui nous amène à nous réjouir de l'aboutissement des négociations sur la Dixième reconstitution des ressources de l'Association internationale de développement (IDA), pour un montant de 13 milliards de DTS, ce qui équivaut, en termes réels, à un maintien du niveau des ressources de l'IDA.

Un critère fondamental pour évaluer la qualité de l'aide consiste à déterminer dans quelle mesure elle est liée à la passation des marchés dans le pays donateur. Bien qu'au cours des dix dernières années l'aide soit devenue généralement moins liée, elle le demeure encore dans une grande mesure (contrairement aux contributions multilatérales de ces donateurs, qui, elles, ne sont pas liées). En 1989, la moyenne pour les pays du CAD était de 44 % pour l'aide liée et de 7 % pour l'aide en partie non liée, au lieu de 48 % et 12 %, respectivement, pour la période 1977-79.

Il est difficile d'estimer le coût de la pratique de l'aide liée pour les pays bénéficiaires mais, d'après une étude (Jepma, 1991), le coût direct peut dépasser 15 % de l'aide accordée. (On entend par coût direct la différence de prix entre les livraisons financées par l'aide et ce qu'auraient coûté des biens et services comparables non obtenus par un achat lié.) Sur cette base, si aucun des flux d'aide n'était lié, les avantages économiques qu'en tireraient les pays en développement représenteraient jusqu'à 4 milliards de dollars par an, soit un cinquième de l'accroissement nominal des flux d'aide au cours des dix dernières années. Les coûts indirects sont également élevés.

Au terme de la guerre froide, il convient de réviser le principe même de l'aide et de déterminer comment la rendre plus adéquate et de meilleure qualité. Si les pays donateurs acceptent le fait qu'avec la fin de la guerre froide l'heure est venue d'accorder plus d'importance à la lutte contre la pauvreté, ils souhaiteront réviser leurs programmes d'aide en cherchant, notamment, à assurer que l'aide disponible parvienne essentiellement aux pays les plus pauvres et à ceux qui n'ont pas accès aux flux de capitaux privés, et à déterminer des moyens de réduire la pratique de l'aide liée et la part des dons de coopération technique dans l'APD.

Perspectives des pays en développement

Les perspectives économiques internationales sont contrastées. Néanmoins, celles des pays en développement pour le reste de la décennie sont plus prometteuses qu'elles ne l'étaient dans les années 80. Cette amélioration des perspectives tient essentiellement aux effets positifs des réformes globales de politique économique mises en oeuvre par plusieurs pays en développement ces dernières années.

Environnement économique international

La situation économique qui attend les pays en développement au cours des dix prochaines années présente à la fois de graves problèmes et des possibilités importantes (Tableau 1) :

- L'activité économique dans les pays industrialisés se caractérise non seulement par de médiocres perspectives à court terme, mais aussi par une tendance sous-jacente au ralentissement de la croissance de la productivité, qui prévaut depuis 1973.
- Il est probable que les taux d'intérêt réels (essentiellement les taux à long terme) resteront à un niveau élevé en raison de la baisse de l'épargne publique dans les pays industrialisés.
- L'avenir du commerce mondial demeure incertain, en attendant l'aboutissement des négociations de l'Uruguay Round, mais il est probable que les échanges commerciaux intrarégionaux augmenteront.
- Les prix des produits de base devraient se stabiliser en termes réels, ce qui marquera une rupture nette de la tendance à la baisse qu'ils enregistrent depuis vingt ans, en partie du fait que les pays en développement délaissent progressivement la production primaire.
- Les pays en développement solvables devraient obtenir des flux de financement extérieur satisfaisants auprès de sources privées, mais la part de l'aide destinée aux pays qui n'ont pas accès au marché demeurera limitée, voire diminuera.

Perspectives

Dans cette situation économique internationale contrastée, les perspectives des pays en

Tableau 1 Paramètres économiques internationaux importants
(Variation annuelle moyenne en pourcentage, sauf pour les taux d'intérê)

Indicateur	1982–92	1992	1993	1992–2002 Scénario de référence	1992–2002 Hypothèse basse
PIB, G-7	2.7	1.6	1.9	2.7	2.0
Taux d'intérêt réel, G-3	4.0	1.9	1.8	3.0	3.5
Commerce mondial (volume)	3.7	4.5	5.6	5.8	3.0
Prix à l'exportation des produits manufacturés (US$)	4.2	5.1	1.3	2.8	2.0
Prix du pétrole (US$)	–5.5	–0.2	–3.2	4.0	2.0
Prix des produits de base non pétroliers (US$)	–0.3	–4.5	3.3	4.0	1.0

Note : Pour calculer le taux d'intérêt réel du G-3, on a totalisé les taux d'intérêt à trois mois de chaque pays en pondérant en fonction du PIB de 1987.
Source : Estimations des services du Département de l'économie internationale, fondées en partie sur *Consensus Forecasts of Inflation*.
Source: IEC staff estimates, based in part on *Consensus Forecasts of Inflation*.

développement pour le reste de la décennie promettent néanmoins des taux de croissance plus élevés (Figure 8). Le PIB réel par habitant dans les pays en développement, qui avait stagné pendant les années 80, devrait, d'après les projections, augmenter à un taux annuel de 2 % par an environ après 1996. Cette amélioration des perspectives tient essentiellement aux réformes de politique économique à grande échelle mises en oeuvre, souvent au prix de durs sacrifices, pendant la décennie.

A la suite de la crise de la dette, les investissements du secteur public dans les pays en développement ont été comprimés dans les années 80, ce qui a eu des effets dévastateurs sur l'infrastructure. Alors que ces pays émergent de la crise de la dette, la mise en place de politiques budgétaires et monétaires relativement prudentes a encouragé l'épargne. L'investissement a également été encouragé par la privatisation, la libéralisation des échanges et une plus grande stabilité macroéconomique, notamment par la baisse de l'inflation. Ces facteurs, conjugués à une amélioration régulière des niveaux d'éducation, ont entraîné une reprise de la croissance, en particulier en Amérique latine et dans les Caraïbes.

La région Asie de l'Est et Pacifique bénéficie depuis plus longtemps de ces tendances caractérisées par une forte croissance et une plus grande intégration régionale pour ce qui est des flux commerciaux et des flux de capitaux. La vigueur de l'économie de l'Asie de l'Est constitue un élément important de l'optimisme qui prévaut quant à la croissance et à l'amélioration de l'efficacité dans l'ensemble des pays en développement. Au sein de cette région, la « zone économique chinoise », qui comprend la Chine, Hong Kong et Taiwan, Chine, représente une grande masse économique en pleine croissance, suffisante pour exercer une influence positive considérable sur d'autres économies et maintenir une croissance à moyen terme en cas d'évolution extérieure défavorable. On peut dire qu'elle est en train de devenir le « quatrième pôle de croissance » de l'économie mondiale.

Par exemple, si les importations de la zone économique chinoise en provenance du reste du monde continuent de croître à un taux proche de celui de ces quinze dernières années (supérieur à deux chiffres en volume), leur taux de croissance en termes absolus au cours des trois prochaines années dépassera celui du Japon et, d'ici l'an 2002, elles seront supérieures à celles du Japon en volume également. Et si la production de biens et de services de cette zone était évaluée selon les prix internationaux types (PCI) au lieu de leur appliquer le taux de change officiel, en l'an 2002, la production de cette zone serait supérieure à celle de l'Allemagne et du Japon et serait proche de celle des Etats-Unis, mais elle ne représenterait qu'un cinquième de celle des Etats-Unis en termes de PIB par habitant.

Les perspectives varient énormément d'une région à l'autre. On estime que la croissance en Asie de l'Est et en Asie du Sud continuera d'être élevée, quoique légèrement inférieure à celle des dix dernières années. La reprise enregistrée en 1992 par la région Amérique latine et Caraïbes devrait se poursuivre. Pour l'Afrique subsaharienne, les projections indiquent que l'amélioration de la croissance globale ne se traduira que par une croissance limitée de la consommation par habitant, et les baisses désastreuses enregistrées dans les années 80 ne pourront donc pas être compensées. Après trois ans de restructuration et de chute de la production, les pays d'Europe de l'Est devraient enregistrer une croissance moyenne de 4 à 5 % environ à moyen terme. Les économies de l'ex-Union soviétique ont subi une chute similaire de leur PIB de 1989 à 1992; on attend une autre baisse importante de la production en 1993, et de nombreuses incertitudes subsistent quant au début de la reprise et à son ampleur. Les projections pour ces économies sont extrêmement incertaines. La croissance dans la région Moyen-Orient et Afrique du Nord devrait être de 4 à 5 %, soit le meilleur résultat enregistré depuis les années 70, grâce à un affermissement des prix du pétrole en termes réels à partir du milieu de la décennie. Comme cela est indiqué au dernier chapitre de cet ouvrage, ces projections sont fondées sur toute une série d'hypothèses relatives à l'évolution des situations économiques à l'échelon national et international.

En raison du risque d'évolution défavorable de l'économie mondiale, il est d'autant plus important que les pays industrialisés adoptent des mesures pour aider les pays en développement à relever les défis que présente l'environnement externe. Une solution consisterait à améliorer l'accès des pays en développement aux marchés des pays industrialisés et à tout mettre en oeuvre pour faire aboutir rapidement les négociations multilatérales de l'Uruguay Round. Une autre solution consisterait à accroître l'épargne publique (c'est-à-dire à réduire les déficits budgétaires), ce qui tendrait à abaisser les taux d'intérêt réels. Pour les IDE, les pays industrialisés peuvent jouer un rôle positif en adoptant des politiques commerciales libérales, en concluant des conventions de double imposition, et en instaurant des programmes et des institutions visant à les promouvoir. Pour les investissements de portefeuille, les autorités réglementaires des pays industrialisés devraient examiner la possibilité d'assouplir les réglementations, sans remettre en question les normes prudentielles, et de faciliter les émissions sur les marchés de titres. S'agissant de l'aide, les pays donateurs devraient s'assurer que les ressources disponibles sont destinées essentiellement à répondre aux besoins des pays les plus pauvres et à ceux, de nature exceptionnelle, des anciennes économies socialistes; par ailleurs, ils devraient réduire la pratique qui consiste à lier l'octroi de l'aide à la passation des marchés.

L'activité économique croissante du monde en développement dans les années 90 risque de porter atteinte aux efforts que déploient les pays pour parvenir à une meilleure gestion de l'environnement. Si elle n'est pas gérée de façon efficace, cette croissance accélérée pourrait accroître les dangers de pollution industrielle, déforestation et épuisement des ressources en eau. Le défi du développement durable consistera à adopter, pour favoriser une prise de conscience du caractère limité des ressources de l'environnement, des mesures d'incitations tendant à modifier les comportements, ainsi qu'à remédier aux défaillances du marché en instaurant des politiques et des institutions efficaces. Des politiques économiques bien conçues, alliées à une situation internationale économique et financière propice, permettront aux pays en développement de parvenir à une croissance durable pendant la prochaine décennie.

Notes

1. Calculé pour un ensemble de 58 pays en développement pour lesquels des données étaient disponibles et qui représentent 65 % du PIB de l'ensemble des pays en développement.

2. Des demandes supplémentaires à caractère exceptionnel ont également résulté de la sécheresse en Afrique; par exemple, en décembre 1992, le Zimbabwe a reçu des donateurs des apports d'aide concessionnelle de 1,4 milliard de dollars, coordonnés par la Banque mondiale.

Resumen

Entorno financiero en el decenio de 1990

El ritmo de crecimiento de los países en desarrollo ha sido lento en los primeros años del decenio de 1990, y en términos per cápita de hecho se ha desacelerado, en parte como consecuencia de la disminución del producto derivada de la transformación estructural de la antigua Unión Soviética y de los países de Europa Oriental, así como de la recesión experimentada por los Estados Unidos, y más recientemente también por Alemania y Japón. Las perspectivas para los países en desarrollo están condicionadas a corto plazo por la incertidumbre reinante en cuanto a la recuperación de los países industriales, a los que corresponden tres cuartas partes del producto mundial.

No obstante, las perspectivas para el resto del decenio son más halagüeñas, pues es posible que se alcancen tasas de crecimiento significativamente más altas que en los años ochenta. Los factores principales en que se basa la proyección de mejoras en las tasas de crecimiento de los países en desarrollo son: las reformas implantadas en las políticas económicas y las tendencias favorables existentes en cuanto a la oferta y la estabilización de los precios de los productos primarios, que han venido disminuyendo desde hace más de diez años. Las reformas introducidas por los países en desarrollo en sus políticas durante el segundo lustro del decenio de 1980 y los primeros años del de 1990 —particularmente las orientadas a incrementar su apertura al comercio, las tendientes a abordar el volumen acumulado de su endeudamiento pendiente con la banca comercial y las encaminadas a la consolidación fiscal— tienden a fomentar tanto tasas de ahorro más elevadas como la reanudación del acceso a los mercados internacionales de capital, y a incrementar la eficiencia en el empleo del capital y la mano de obra, lo que redunda en el aumento de la competitividad internacional y el crecimiento económico.

Una nueva tendencia de financiamiento externo

Esta evolución se verá facilitada por un creciente suministro de financiamiento externo de fuentes privadas, especialmente en forma de corrientes de inversión extranjera directa (IED) y de inversiones de cartera en bonos y en acciones. Los decenios de 1970 y 1980 se caracterizaron por enormes altibajos en el suministro de financiamiento por la banca comercial a los países en desarrollo. Pero este es apenas uno de los aspectos del cambio radical registrado en la tendencia de las corrientes de financiamiento externo a los países en desarrollo en los primeros años del decenio de 1990, que pasó del endeudamiento a la inversión, y de fuentes bancarias a fuentes no bancarias. Los préstamos de la banca comercial han sido reemplazados por corrientes de inversiones de cartera en bonos y en acciones y por un mayor volumen de IED (Figura 1). A estas fuentes no bancarias ha correspondido prácticamente todo el crecimiento registrado recientemente en las corrientes de financiamiento a los países en desarrollo. La importancia de estas corrientes de fuentes privadas no radicará tanto en sus condiciones —que es probable que reflejen tasas de interés reales bastante altas— sino más bien en los beneficios que producirán y en la probabilidad de que se emplearán en forma más eficiente que durante el período de apogeo de los préstamos soberanos en los años setenta. En el caso de la IED, los beneficios comprenden la transferencia de tecnología, conocimientos y experiencia en materia de gestión y acceso a los mercados de exportación; en el de los bonos, una base diversificada de inversionistas, y en el de las inversiones de cartera en acciones, la reducción del costo interno del capital. Pero como se indica más adelante en esta obra, estas nuevas oportunidades en cuanto al financiamiento también traerán consigo nuevos desafíos relacionados con la gestión macroeconómica y financiera.

También en lo que respecta a la obtención de empréstitos, el sector privado ha pasado a ocupar un

Figura 1   Pauta del financiamiento externo a los países en desarrollo: flujos brutos a largo plazo

1971—US$19.500 millones

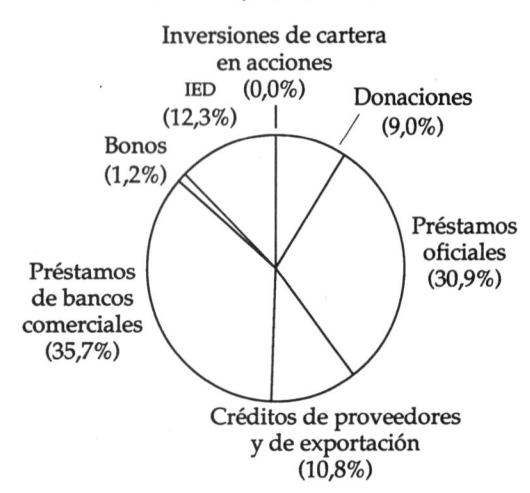

- Inversiones de cartera en acciones (0,0%)
- IED (12,3%)
- Donaciones (9,0%)
- Bonos (1,2%)
- Préstamos oficiales (30,9%)
- Préstamos de bancos comerciales (35,7%)
- Créditos de proveedores y de exportación (10,8%)

1981—US$156.900 millones

- Inversiones de cartera en acciones (0,1%)
- IED (8,3%)
- Donaciones (7,3%)
- Bonos (1,2%)
- Préstamos oficiales (26,0%)
- Préstamos de bancos comerciales (46,1%)
- Créditos de proveedores y de exportación (11,0%)

1991—US$205.300 millones

- Inversiones de cartera en acciones (3,7%)
- IED (16,5%)
- Donaciones (14,5%)
- Bonos (4,8%)
- Préstamos oficiales (30,8%)
- Préstamos de bancos comerciales (17,4%)
- Créditos de proveedores y de exportación (12,3%)

Nota: Basado en 115 países sobre los que se dispone de datos. No se dispone de datos correspondientes a 1971 y 1981 para la antigua Unión Soviética.
Fuente: Banco Mundial, SND y estimaciones del personal del Banco Mundial.

---

lugar destacado. En los últimos años, en toda una gama de países, como Malasia, México, Tailandia y Turquía, empresas del sector privado han logrado tener acceso a los mercados internacionales de acciones y bonos; como consecuencia de ello, ha cesado la disminución proporcional de los empréstitos del sector privado registrada en todo el decenio de 1970 y hasta mediados del de 1980 (Figura 2).

Dentro de esta pauta global, existe una brecha cada vez mayor entre los países en desarrollo que tienen acceso a los mercados privados de capital para obtener préstamos bancarios y realizar transacciones de bonos y acciones y los que no tienen ese acceso. Los países que evitaron la necesidad de reestructurar su deuda (por ejemplo, China, India, Indonesia y la República de Corea) o que han podido reducir su deuda con la banca comercial en el marco de un amplio programa de reformas (por ejemplo, Argentina, Chile y México) han logrado mantener o recuperar su acceso a los mercados de capital. En cambio, muchos países de ingreso bajo y mediano bajo gravemente endeudados cuya deuda es principalmente con fuentes oficiales tienen pocas perspectivas realistas de alcanzar el acceso a los mercados privados (salvo para obtener créditos comerciales a corto plazo) en un futuro previsible.

Los países más pobres han contado con la ayuda del crecimiento sostenido de las corrientes oficiales en los años setenta y ochenta y, en el marco de ese crecimiento, de un incremento del elemento concesionario que representan las donaciones. Esta tendencia ha permitido que las transferencias netas (o sea, los flujos netos menos los pagos de intereses y las remesas de utilidades) hayan mantenido un signo positivo en los últimos años en los países de Asia Meridional, el Oriente Medio y Africa al Sur del Sahara (Figura 3). Especialmente digno de mención es el elevado volumen de las transferencias oficiales a los países de Africa al Sur del Sahara en relación con el tamaño de las economías receptoras.

Conmociones externas e integración financiera

Al mismo tiempo que se modificó la tendencia de las corrientes de financiamiento, también cambió la estructura de los mercados financieros. La mayor inestabilidad de las tasas de interés y los tipos de cambio ha incrementado los beneficios de la diversificación y alentado el desmantelamiento *de facto* de los controles de la cuenta de capital en los países en desarrollo, en otras palabras, ha intensificado la integración financiera.

Pero independientemente del grado de integración financiera, desde hace mucho tiempo los países en desarrollo han estado expuestos a fuertes conmociones externas y a la fuga de capitales. Durante los

Figura 2 Proporción del financiamiento externo a los países en desarrollo correspondiente a prestatarios privados

Proporción del financiamiento total a largo plazo correspondiente al sector privado

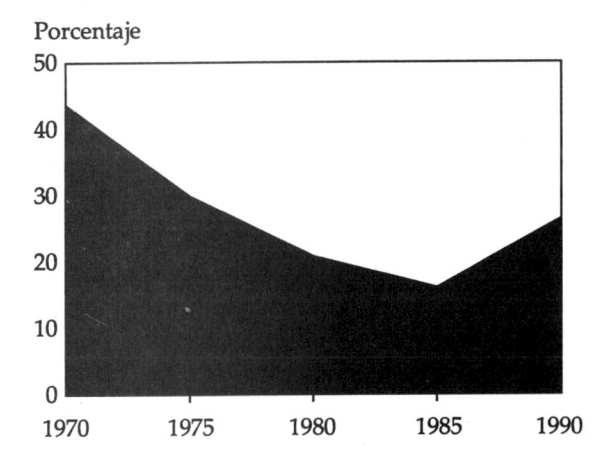

Proporción del financiamiento mediante bonos correspondiente al sector privado

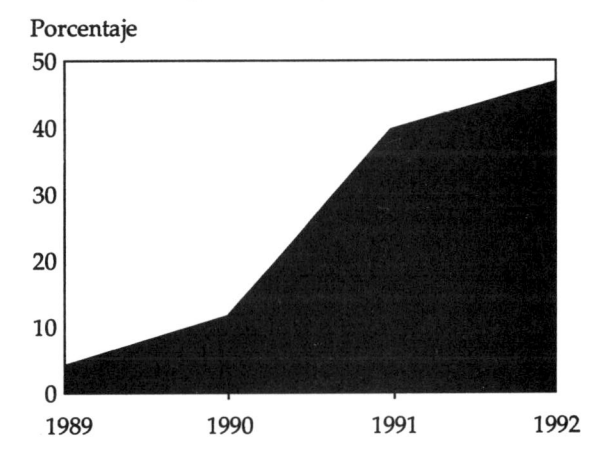

Nota: El financiamiento total a largo plazo comprende donaciones oficiales, desembolsos brutos de deudas oficiales y privadas, incluidas compras en el FMI, entradas netas de IED y corrientes brutas de inversiones de cartera en acciones. Las participaciones porcentuales representan la participación de los prestatarios privados en el financiamiento total a largo plazo y en el financiamiento mediante bonos destinado a los países en desarrollo, respectivamente.
Fuente: Banco Mundial, SND y estimaciones del personal del Banco Mundial.

dos últimos decenios, la variabilidad de las conmociones externas (por ejemplo, las sacudidas experimentadas por la relación de intercambio y las tasas de interés) ha sido casi dos veces mayor en los países en desarrollo que en los industriales, en ocasiones alcanzando un 4% del PIB en lo que respecta al impacto en la cuenta corriente. Además, a causa del racionamiento del crédito en el decenio de 1980, los países en desarrollo han podido financiar una proporción mucho más pequeña de los efectos de esas conmociones y, por lo tanto, para hacerles frente se han visto obligados a adoptar medidas de ajuste más intensas que los países industriales.

Tradicionalmente, se ha considerado que la fuga de capitales es un problema que aflige a unos cuantos países latinoamericanos y a uno o dos países más, pero los hechos indican otra cosa. La existencia de un elevado volumen de capitales fugados en relación con el PIB es un fenómeno generalizado (Figura 4)[1]. De acuerdo con este criterio, la situación es mucho peor en los países de Africa al Sur del Sahara que en los de América Latina. La fuga de capitales en los países de Africa al Sur del Sahara representa alrededor del 80% del PIB. La situación a este respecto también es seria en la región de Oriente Medio y Norte de Africa, en la que Egipto, Jordania y Siria han sufrido un considerable volumen de fuga de capitales.

La reciente reversión de la situación de fuga de capitales, particularmente en tres países latinoamericanos —Argentina, México y Venezuela—, pone de relieve la importancia de aplicar políticas internas satisfactorias, por ejemplo en materia del tipo de cambio real, la situación fiscal, las privatizaciones en gran escala y la represión del sector financiero. Existe un desfase entre el retorno de los capitales fugados y el éxito del proceso de ajuste y los programas de reforma, como lo pone de manifiesto el hecho de que en México los reflujos de capital se iniciaran en 1989, mientras que en otros países latinoamericanos comenzaron a principios de 1991.

Problemas importantes relacionados con el financiamiento externo en el decenio de 1990

La nueva tendencia del financiamiento externo plantea toda una serie de cuestiones conexas para los países en desarrollo. Estos países deberán examinar los beneficios y sostenibilidad de diversas modalidades de financiamiento y evaluar las repercusiones que los diferentes tipos de corrientes financieras tienen para la gestión macroeconómica y financiera. Por lo que respecta a la inversión extranjera directa, las cuestiones a considerar son los beneficios que brinda

27

Figura 3 Transferencias netas totales como proporción del PNB
(porcentajes)

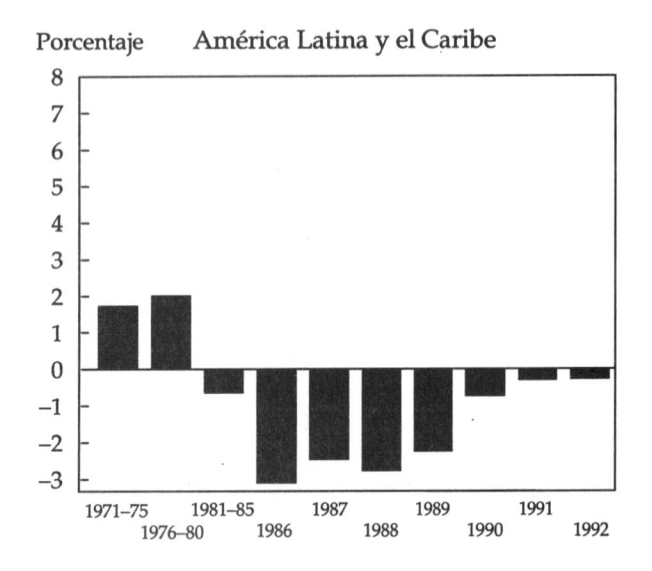

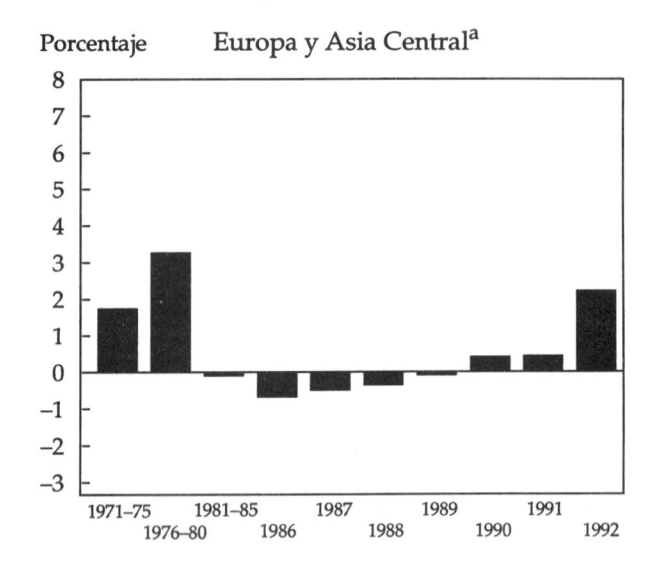

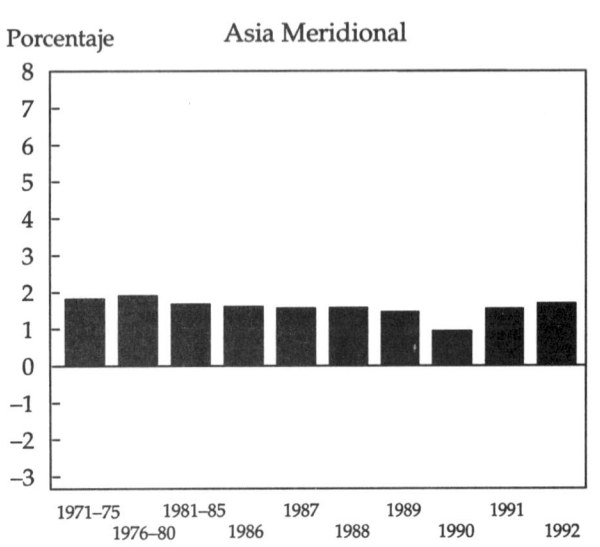

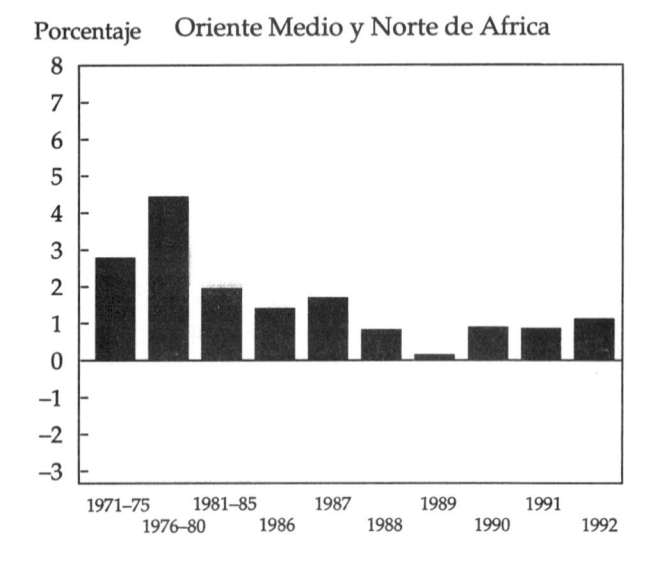

y las condiciones que se precisan para atraerla. En el caso de la inversión de cartera, será necesario determinar si podrá mantenerse el reciente aumento en el volumen de esas corrientes hacia los países en desarrollo y cómo se podrán atender las consecuencias de la inestabilidad en su suministro.

También habrá de replantearse la cuestión de la asistencia al final de la guerra fría. A medida que un número mayor de países reúna las condiciones para recibir asistencia, los donantes tendrán que abordar el problema de cómo proporcionar un volumen adicional de recursos y mejorar la calidad y asignación de esos recursos.

Inversión extranjera directa: beneficios que trascienden el financiamiento

La inversión extranjera directa (IED) es una fuente importante y cada vez mayor de financiamiento que puede ayudar a los países en desarrollo a eliminar la brecha tecnológica que los separa de los países de ingreso alto, a mejorar el nivel de su gestión y a desarrollar sus mercados de exportación. Sin embargo, no debe depenerse de la IED para obtener financiamiento a plazo mediano para la balanza de pagos, en parte debido a que las remesas de utilidades a menudo son elevadas.

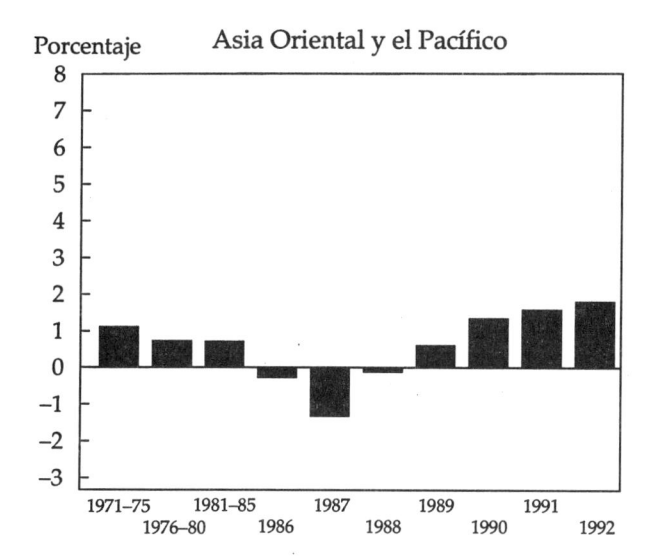

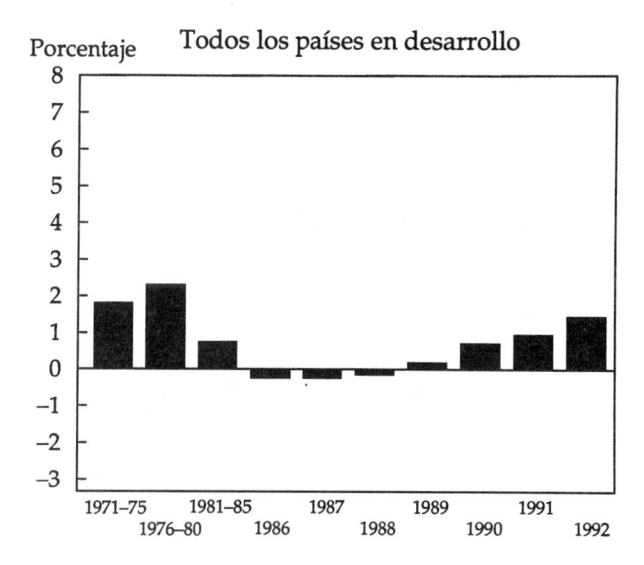

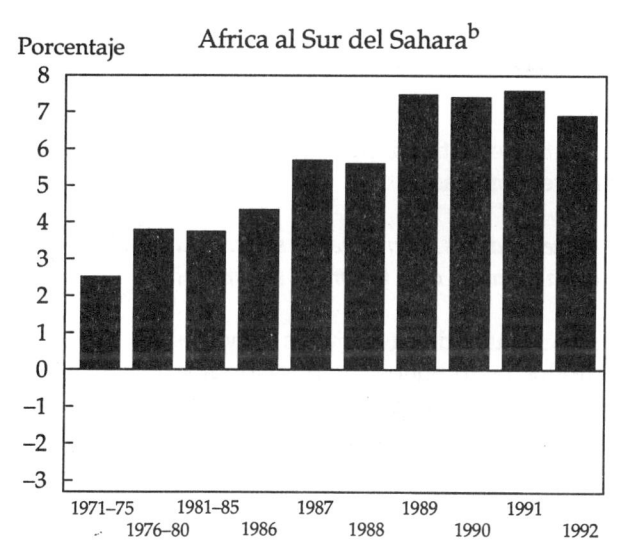

[Figura: Asia Oriental y el Pacífico – gráfico de barras, Porcentaje, 1971-1992]

[Figura: Todos los países en desarrollo – gráfico de barras, Porcentaje, 1971-1992]

[Figura: Africa al Sur del Sahara[b] – gráfico de barras, Porcentaje, 1971-1992]

Nota: Los datos para 1971–75, 1976–80 y 1981–85 son promedios para esos períodos.
a. Incluida la antigua Unión Soviética a partir de 1985.
b. Excluida Sudáfrica.
Fuente: SND.

Las corrientes de IED hacia los países en desarrollo sumaron US$38.000 millones en 1992, cifra superior en un 50% a la registrada dos años antes, lo que refleja el mejor desempeño macroeconómico de esos países (particularmente algunos latinoamericanos, como resultado de acuerdos de reducción de la deuda), regímenes reglamentarios más propicios (por ejemplo, en Tailandia), la intensa actividad en materia de privatización y los programas de conversión de la deuda (Figura 5). La proporción de la IED global encauzada hacia los países en desarrollo se ha duplicado, pasando del bajo nivel de menos del 12% registrado en 1987 a un 22% en 1991.

En los países en desarrollo, la importancia de la IED en relación con la inversión interna bruta (IIB) y el producto ha aumentado en la mayoría de las regiones durante los dos últimos decenios. En el caso de varios importantes países receptores (Brasil, China, Indonesia y la República de Corea), la relación EID-IIB sigue siendo bastante baja (entre el 1% y el 4%), mientras que en dos (Malasia y Venezuela), es elevada, de aproximadamente el 20%. Si en todos los países en desarrollo la relación IED-IIB aumentase a un nivel equivalente a la mitad de la relación más elevada registrada —es decir, al 10%— el aumento de la IED sería enorme: alrededor de US$40.000 millones al año, o más del nivel actual de todas las corrientes de esa inversión a los países en desarrollo.

En los años ochenta y noventa, las corrientes de IED se han trasladado de los sectores manufacturero y extractivo al sector de servicios, particularmente a las nuevas industrias de servicios con un uso intensivo de capital, como la banca, los servicios públicos, las telecomunicaciones y el transporte, que se están privatizando.

La IED cumple una función importante en la producción manufacturera orientada a la exportación. Por ejemplo, más de la mitad de las exportaciones de manufacturas de Filipinas, Malasia y México corresponde a empresas extranjeras, y según una encuesta

Figura 4   Fuga de capitales como proporción del PIB, por regiones
(*método residual del Banco Mundial*)

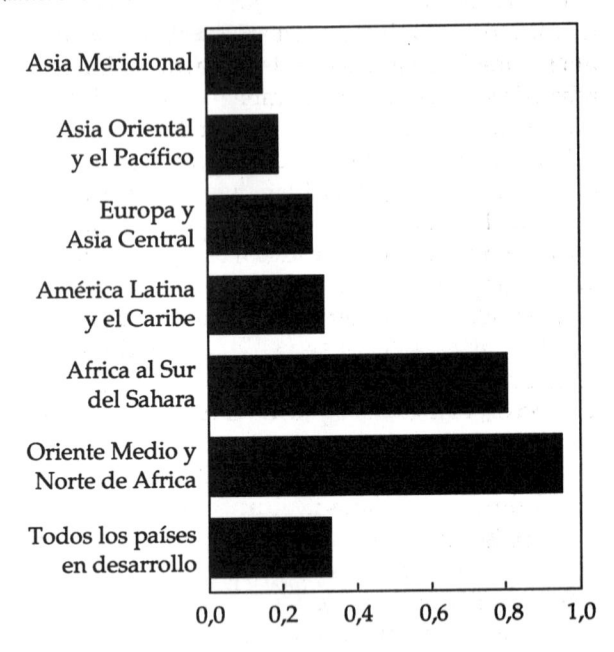

	0,0	0,2	0,4	0,6	0,8	1,0
Asia Meridional						
Asia Oriental y el Pacífico						
Europa y Asia Central						
América Latina y el Caribe						
Africa al Sur del Sahara						
Oriente Medio y Norte de Africa						
Todos los países en desarrollo						

Fuente: Estimaciones del personal del Banco Mundial.

Figura 5   Corrientes de IED a los países en desarrollo

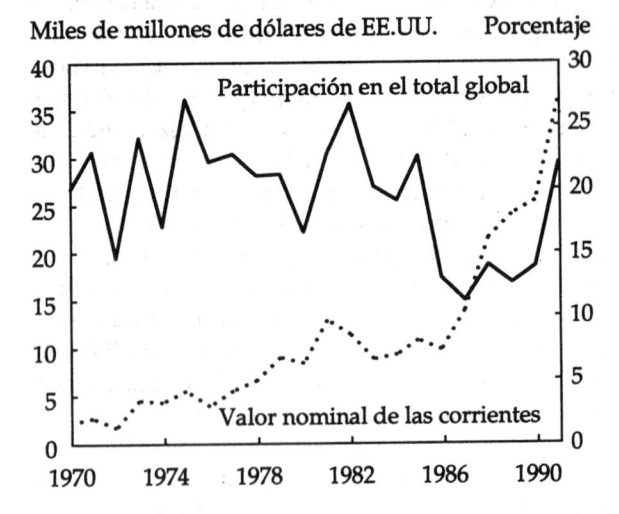

Nota: Entradas netas de IED. Los datos no incluyen a Arabia Saudita.
Fuente: FMI, *Balance of Payments Yearbook* y estimaciones del personal del Banco Mundial.

empresarial realizada recientemente en Tailandia, en ese país la proporción es casi tres cuartas partes (UNTCMD 1992). Gran parte del personal empleado en estas empresas se dedicaba a la producción con un elevado nivel tecnológico e industrial, por ejemplo, equipo eléctrico y electrónico, maquinaria no eléctrica y productos químicos.

Puede considerarse que la IED constituye la fuente de capital privado que todo país en desarrollo puede aspirar a aprovechar. Llega a los países que tienen un ingreso mediano y un ingreso bajo, a los que tienen un tamaño grande y un tamaño pequeño, y a los que tienen una elevada capacidad crediticia y una capacidad crediticia más baja. A diferencia de las corrientes de inversiones en bonos y en acciones, no precisa la existencia de un mercado de capitales organizado. Lo que sí requiere es un sector privado pujante que pueda obtener una tasa de rendimiento razonable en un entorno macroeconómico estable. Para que los países receptores puedan recibir los beneficios de la IED, deben establecer un sólido marco de políticas (por ejemplo, orientación del comercio hacia el exterior), que minimice las distorsiones.

Los países en desarrollo que desean atraer corrientes de IED deben considerar la adopción de medidas como el establecimiento de un marco legal transparente que no discrimine entre inversionistas locales y extranjeros; un régimen cambiario liberal, y una normativa e instituciones que sean acogedoras para los inversionistas.

El aumento de las inversiones de cartera: ¿un fenómeno de corta duración o un fenómeno sostenible?

Las corrientes de inversiones privadas de cartera, incluidos tanto bonos como acciones, experimentaron un crecimiento explosivo entre 1989 y 1992. Ese aumento se ha concentrado en gran medida en unos cuantos países de América Latina y de Asia Oriental, si bien la gama de países emisores se ha ampliado considerablemente. El volumen bruto de las corrientes de inversiones de cartera en acciones hacia los países latinoamericanos ha aumentado más de diez veces en esos cuatro años, pasando de US$434 millones en 1989 a un nivel estimado de US$5.600 millones en 1992; las emisiones internacionales de bonos han registrado un crecimiento igualmente espectacular. De estas corrientes, la mayor parte representa capitales fugados y repatriados, algunas representan fondos de alto riesgo y rendimiento también alto, y la parte más pequeña representa inversiones institucionales de cajas de pensiones, compañías de seguros, fondos fiduciarios y fondos comunes de inversiones.

El principal beneficio que las corrientes de inversiones de cartera reportan a los países en desarrollo es la reducción del costo del capital, que puede ser hasta de un 10% como sucedió en el caso de Telmex, la empresa de teléfonos de México que se vendió internacionalmente en mayo de 1991. También es probable que produzcan beneficios secundarios importantes en los precios de las acciones nacionales.

Si los inversionistas de los países industriales poseyeran valores de países en desarrollo en una proporción igual a la que representan los mercados incipientes en el valor del mercado mundial (actualmente del 6%), las corrientes de recursos aumentarían en alrededor de US$40.000 millones al año (con base en una tasa media anual de crecimiento de los activos de los inversionistas de la OCDE del 7% a plazo mediano y el reequilibrio gradual de las actuales tenencias de esos inversionistas), incremento más elevado que las actuales corrientes de IED. Esa sería una estrategia óptima si los mercados mundiales de capitales fueran perfectamente eficientes. La segmentación de los mercados de los países en desarrollo y la consiguientemente baja correlación con la evolución de los mercados internacionales son una razón para que los fondos de los países industriales se inviertan en forma más que proporcional en los mercados de los países en desarrollo ("los mercados incipientes"): ofrecen importantes beneficios en materia de diversificación y rendimientos altos ajustados en función del riesgo (Figura 6).

Las tasas de rendimiento registradas en el quinquenio de 1987-91 en el mercado de los Estados Unidos y en los mercados incipientes indican que si los inversionistas estadounidenses hubieran mantenido el 20% de sus carteras en mercados incipientes (en comparación con sus tenencias efectivas de una fracción del 1%), hubieran incrementado su rendimiento medio en alrededor del 1% al año y hubieran rebajado sus riesgos considerablemente (medidos en función de la variabilidad de los rendimientos).

Por supuesto, además de una actitud conservadora y de la falta de familiaridad, hay otras razones de peso que hacen que los inversionistas mundiales no inviertan más en los mercados incipientes. Dos obstáculos importantes son la falta de profundidad de los mercados nacionales y las restricciones normativas. Los inversionistas se ven desalentados por la limitada disponibilidad de información, el pequeño tamaño de los mercados y la iliquidez. En ese sentido revisten importancia además los reglamentos muy diferentes que rigen las cajas de pensiones, las compañías de seguros y otras instituciones inversionistas en los países en que se originan las inversiones. Otro impedimento lo constituyen los reglamentos de los países en desarrollo aplicables al acceso y salida de los mercados, cuyas disposiciones van desde la ausencia de restricciones significativas a la adquisición de acciones y la repatriación de los ingresos y el capital hasta la existencia de severas restricciones al acceso. En nueve mercados incipientes se permite el acceso irrestricto, en otros doce es relativamente fácil, y en seis está restringido.

La preocupación acerca de la sostenibilidad de las corrientes de inversiones de cartera se basa sobre todo en el temor a cambios en las condiciones económicas de los países originarios de las inversiones. Por ejemplo, el aumento de las bajas tasas de interés a corto plazo y la existencia de perspectivas desfavorables de crecimiento en los Estados Unidos podrían resultar en la disminución de las corrientes de inversiones de cartera hacia los países latinoamericanos. Estos aspectos, aunque constituyen factores determinantes importantes de esas corrientes, no son en absoluto decisivos. Si las tasas de interés reales en dólares estadounidenses aumentasen en 100 centésimos de punto porcentual —lo que representaría un fuerte incremento— las corrientes netas de inversiones de cartera en acciones hacia los países en desarrollo bajarían en un monto estimado de US$2.000 millones al año (con base en una regresión de esas corrientes frente a las tasas de interés en los Estados Unidos, la producción industrial estadounidense, la clasificación crediticia de los países receptores y el rendimiento relativo del mercado de valores).

El acceso a las corrientes de inversiones de cartera ha de ser razonablemente duradero, siempre que los países receptores persistan en la reforma de sus políticas; ahora bien, los países latinoamericanos no

---

Figura 6 Impacto de la diversificación en el riesgo de la cartera
(riesgo y rendimiento de combinaciones de índices de los Estados Unidos y de mercados incipientes)

Rendimiento medio anual (porcentaje)

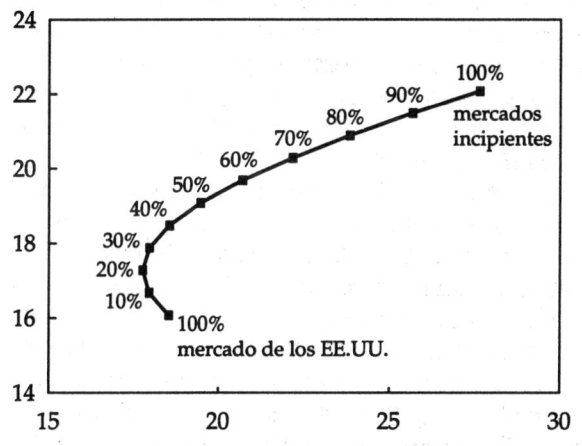

[Gráfico: curva que muestra combinaciones desde 100% mercado de los EE.UU. (aprox. 16% rendimiento, 18% riesgo) hasta 100% mercados incipientes (aprox. 22% rendimiento, 27% riesgo), pasando por combinaciones de 10%, 20%, 30%, 40%, 50%, 60%, 70%, 80% y 90%.]

Riesgo (desviación estándar anual) (porcentaje)

Nota: Rendimientos medios anuales totales correspondientes a cinco años (1987–91). El índice compuesto basado en dólares estadounidenses de la CFI (de los mercados incipientes) comprende veinte mercados de valores incipientes. El mercado estadounidense está representado por el índice Standard and Poor's 500.
Fuente: CFI, *Emerging Stock Markets: Factbook 1992* y estimaciones del personal del Banco Mundial.

Figura 7 Corrientes netas reales de AOD a los países en desarrollo

Miles de millones de dólares estadounidenses constantes de 1991

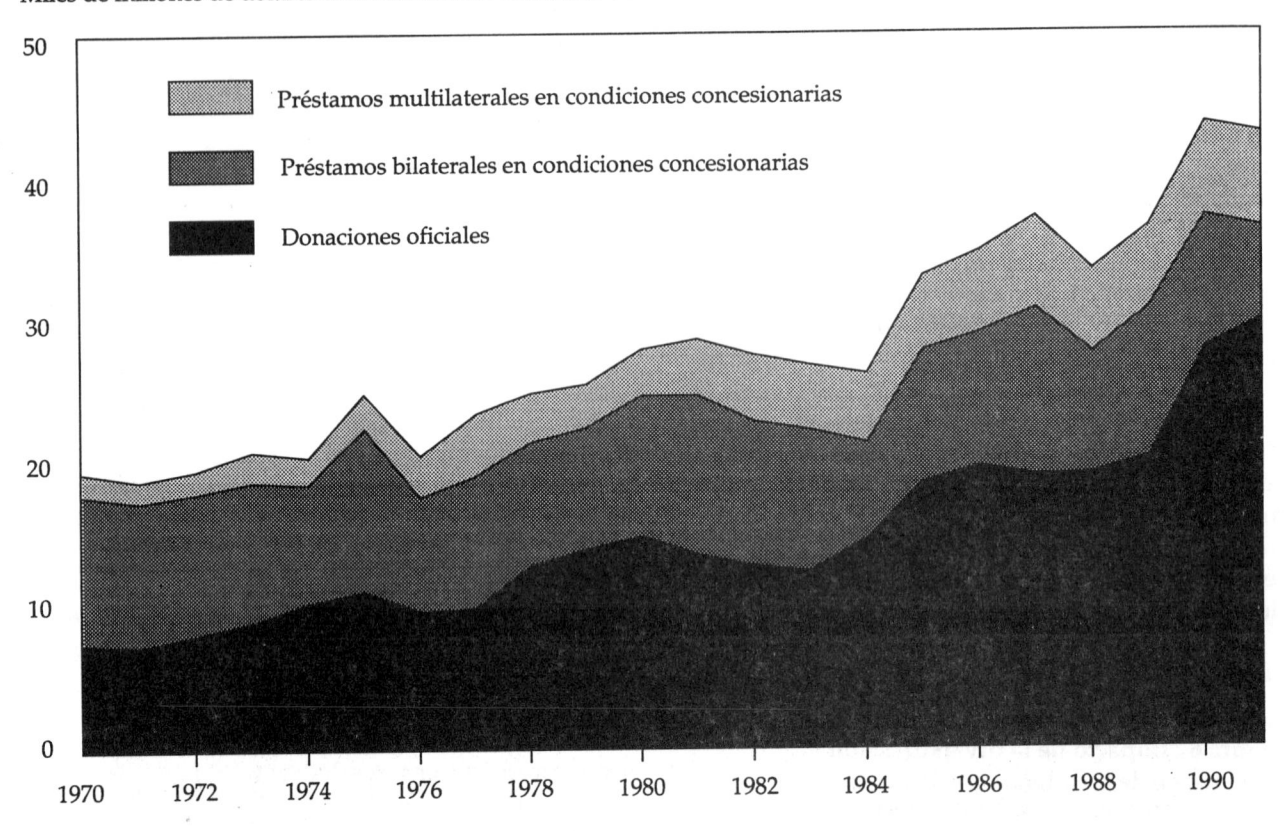

Nota: Las corrientes reales son corrientes nominales deflactadas por un índice de precios de importación de los países en desarrollo.
Fuente: Banco Mundial, OCDE.

---

deberían esperar recibir en años futuros volúmenes tan considerables como los registrados en 1991 y 1992. Una razón es que en cierta medida las corrientes recientes han representado reajustes de sus tenencias por los inversionistas que no se repetirán.

En consecuencia, si los países en desarrollo desean lograr el beneficio que representa una reducción del costo de su capital, deberán alentar el acceso más fácil del sector empresarial al capital externo e implantar reformas microeconómicas en sus mercados de capital, incluida la cotización internacional de por lo menos algunas acciones. Las autoridades encargadas del mercado de valores del país originario de las inversiones pueden ayudar reduciendo los requisitos para el acceso.

La asistencia al final de la guerra fría

A raíz de la terminación de la guerra fría, la asistencia está sujeta a las presiones ejercidas por los países que recién reúnen las condiciones para ser receptores (tanto países que ya reciben asistencia como otros que podrían recibirla en el futuro) y las necesidades excepcionales de las economías socialistas en proceso de reforma, así como por la demanda de financiamiento para solucionar los problemas ambientales de alcance internacional. Los donantes encaran el problema de cómo encontrar recursos adicionales para no dejar a un lado a los necesitados de los países pobres.

Entre 1981 y 1991, las corrientes de asistencia se mantuvieron prácticamente inalterables como porcentaje del PNB de los donantes, pero no obstante se registró un aumento real en términos del volumen de las importaciones de los países en desarrollo (Figura 7). Ultimamente, algunos donantes (por ejemplo, Italia y Suecia) han reducido sus programas de asistencia o han anunciado que los reducirán en el futuro. Lo único que resulta alentador es que se ha elevado el grado de concesionalidad en el caso de los países

Figura 8 Perspectivas de crecimiento del PIB de diferentes regiones en desarrollo de acuerdo con el caso hipotético básico
(*cambio porcentual anual medio*)

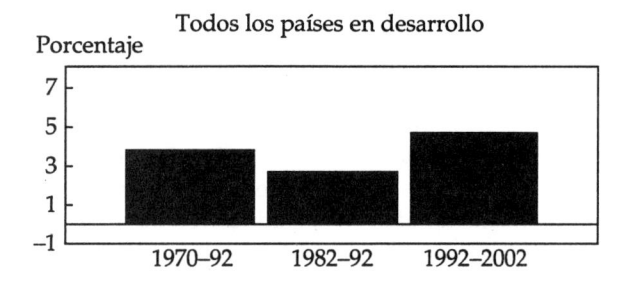

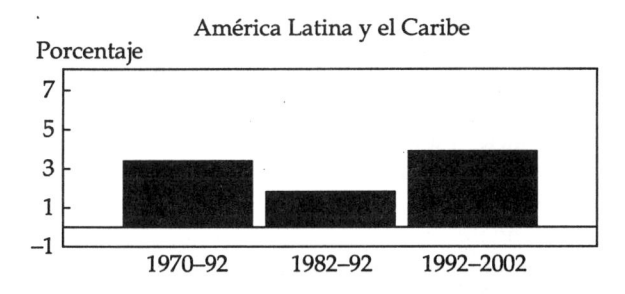

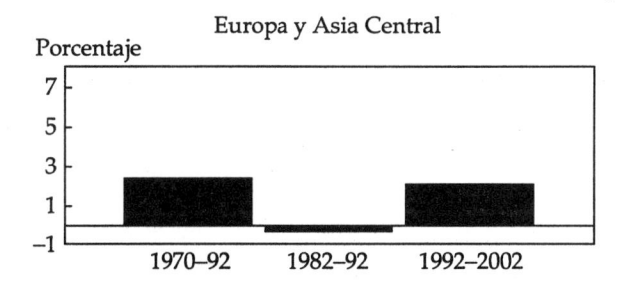

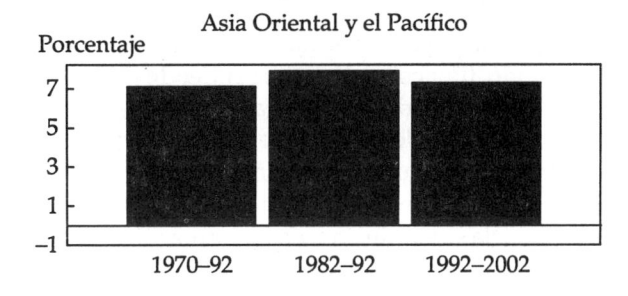

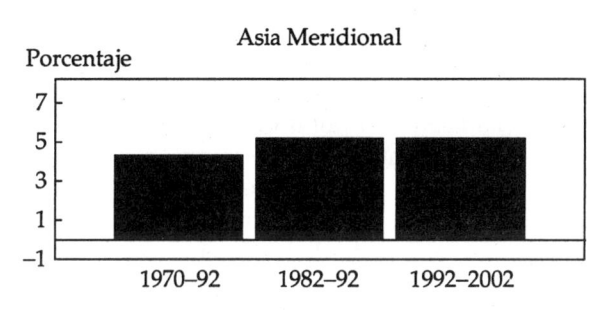

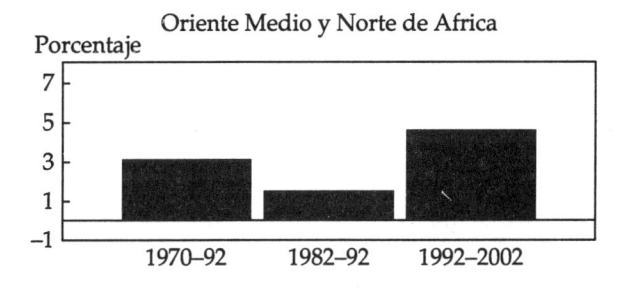

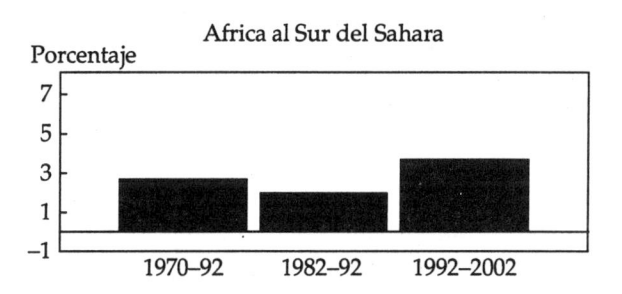

[Gráfico: Todos los países en desarrollo — 1970–92, 1982–92, 1992–2002]

[Gráfico: América Latina y el Caribe — 1970–92, 1982–92, 1992–2002]

[Gráfico: Europa y Asia Central — 1970–92, 1982–92, 1992–2002]

[Gráfico: Asia Oriental y el Pacífico — 1970–92, 1982–92, 1992–2002]

[Gráfico: Asia Meridional — 1970–92, 1982–92, 1992–2002]

[Gráfico: Oriente Medio y Norte de Africa — 1970–92, 1982–92, 1992–2002]

[Gráfico: Africa al Sur del Sahara — 1970–92, 1982–92, 1992–2002]

Fuente: Proyecciones del Banco Mundial.

---

más pobres, dado que las donaciones con frecuencia han reemplazado a los préstamos.

En general, ha disminuido la asistencia de los donantes que no pertenecen a la OCDE. La asistencia aportada por los países árabes ha experimentado pronunciadas fluctuaciones, bajando durante todo el decenio de 1980 a partir de los niveles muy elevados que alcanzó en los años setenta. En el caso de la antigua Unión Soviética y los donantes de los países de Europa Oriental, la asistencia viene descendiendo desde 1986, y en la actualidad se limita en gran medida a cooperación técnica.

Entretanto, ha crecido el número de países que se reconoce que reúnen o podrían reunir las condiciones para recibir asistencia. Los nuevos países que se han sumado a este grupo pertenecen a tres categorías: primero, los países que ahora al parecer sólo pueden afrontar empréstitos en condiciones concesionarias (por ejemplo, Angola y Mongolia); segundo, los países que a raíz de su recuperación tras un período de deficiente actuación económica y trastornos como una guerra podrían reactivar su condición de receptores (por ejemplo, Afganistán, Cambodia y Viet Nam)[2]; y, tercero, algunas repúblicas de la antigua Unión Soviética y las anteriores economías socialistas de Europa Oriental.

Un orden aproximado de magnitud de la demanda solicitudes de asistencia oficial para el desarrollo (AOD) de los nuevos países de ingreso bajo y mediano que podrían estar habilitados para recibir esa asistencia es de aproximadamente US$5.500 millones anuales, cifra que equivale al 10% de los desembolsos de AOD efectuados en 1991 por la Organización de Cooperación y Desarrollo Económicos-Comité de Asistencia para el Desarrollo (OCDE-CAD) a todos los países. Si se incluyen los países de ingreso mediano alto de la antigua Unión Soviética y Europa Oriental (por ejemplo, Rusia y Hungría), que podrían considerarse como habilitados en forma temporal y excepcional para recibir esa asistencia, se añadirían otros US$4.500 millones, con lo que la demanda adicional subiría a US$10.000 millones anuales, o el 19% de la AOD facilitada en 1991 por la OCDE-CAD.

La asistencia tiende a concentrarse en los países pobres, pero no necesariamente en los más pobres. Un tercio del total se facilita a países de ingreso mediano. La asignación de la asistencia varía considerablemente entre los distintos donantes bilaterales; Suecia destina el 81% de la asistencia que aporta a países de ingreso bajo, mientras que los Estados Unidos y Francia encauzan más del 40% de su asistencia a países receptores de ingreso mediano. La asistencia multilateral está concentrada en mayor medida en los países más pobres, ya que alrededor del 90% se asigna a países de ingreso bajo. Esta es una de las razones para sentirse satisfechos con la reciente conclusión satisfactoria de las negociaciones relativas a la décima reposición de los recursos de la Asociación Internacional de Fomento (AIF) por un total de DEG 13.000 millones, cifra que permitirá mantener sus actividades en términos reales.

Un indicador clave de la calidad de la asistencia es la medida en que está condicionada a la realización de adquisiciones en el país donante. Aunque ha habido una tendencia hacia la reducción de ese condicionamiento de la asistencia bilateral durante el pasado decenio, esa práctica todavía es frecuente (a diferencia de lo que sucede con las aportaciones de esos donantes por cauces multilaterales, que no están condicionadas). En 1989, en promedio el 44% de la asistencia de los países de la OCDE-CAD estaba condicionada y el 7% estaba parcialmente no condicionada; en 1977-79 esas cifras eran el 48% y el 12%, respectivamente.

Es difícil estimar el costo que el condicionamiento de la asistencia supone para los países receptores, pero un estudio (Jepma 1991) sugiere que el costo directo puede llegar a representar más de un 15% del total facilitado. (Por costo directo se entiende el monto en que los precios de las entregas financiadas con la asistencia superan los precios de bienes y servicios semejantes no obtenidos mediante adquisiciones condicionadas.) Sobre esta base, si todas las corrientes de asistencia se suministrasen en forma no condicionada, los países en desarrollo recibirían beneficios económicos por valor de hasta US$4.000 millones al año, cifra equivalente a una quinta parte del aumento nominal de las corrientes de asistencia durante el pasado decenio. Los costos indirectos también son sustanciales.

Cuadro 1 Parámetros económicos internacionales de importancia para los países en desarrollo
(cambio porcentual anual medio, salvo en el caso de las tasas de interés)

| | | | | 1992–2002 | |
Indicador	1982–92	1992	1993	Hipótesis básica	Hipótesis baja
PIB en el G-7	2,7	1,6	1,9	2,7	2,0
Tasas de interés reales en el G-3	4,0	1,9	1,8	3,0	3,5
Comercio mundial (volumen)	3,7	4,5	5,6	5,8	3,0
Precio de exportación de las manufacturas (US$)	4,2	5,1	1,3	2,8	2,0
Precio del petróleo (US$)	–5,5	–0,2	–3,2	4,0	2,0
Precio de los productos básicos distintos del petróleo (US$)	–0,3	–4,5	3,3	4,0	1,0

Nota: Para derivar las tasas de interés reales del G-3, se han agregado las tasas de interés trimestrales de los distintos países utilizando como ponderación el PIB de 1987.

Fuente: Estimaciones del personal del DEI, basadas en parte en Consensus Forecasts of Inflation.

Al final de la guerra fría, también es preciso replantear las razones para el suministro de asistencia y reconsiderar las cuestiones relacionadas con su suficiencia y calidad. Si los países donantes convienen en que una vez terminada la guerra fría habrá de atribuirse mayor prioridad a la reducción de la pobreza, desearán reexaminar sus programas de asistencia desde la perspectiva de cómo asegurar que la asistencia disponible se concentre en los países más pobres y en los que carecen de acceso a corrientes privadas de capital, y cómo reducir el condicionamiento de la asistencia y la proporción de donaciones de cooperación técnica en la AOD.

Perspectivas para los países en desarrollo

Las perspectivas para la situación económica internacional son mixtas. No obstante, en el caso de los países en desarrollo parecen ser más halagüeñas durante el resto del decenio de 1990 que lo fueron en los años ochenta. Este mejoramiento de las perspectivas es en gran medida un dividendo de las amplias reformas de las políticas económicas que varios países en desarrollo han emprendido en los últimos años.

La situación económica internacional

La situación económica que encararán los países en desarrollo durante los próximos diez años entraña a la vez grandes problemas e importantes oportunidades (Cuadro 1):

- La actividad económica en los países industriales no sólo enfrenta perspectivas desfavorables a corto plazo, sino también una tendencia subyacente de lento crecimiento de la productividad, tendencia que persiste desde 1973.
- Es probable que las tasas de interés reales (sobre todo a largo plazo) se mantengan elevadas debido a la disminución del ahorro público en los países industriales.
- El futuro del comercio mundial se perfila incierto mientras no se concluya la Ronda Uruguay, pero es probable que aumente el comercio intrarregional.
- Se prevé que los precios de los productos básicos se estabilizarán en términos reales —un decidido cambio respecto de la tendencia descendente que han experimentado durante veinte años— en parte a causa de la medida en que los países en desarrollo están abandonando la producción primaria.
- Es probable los países en desarrollo con una buena capacidad crediticia reciban un suministro adecuado de financiamiento externo de fuentes privadas, pero los países que no tienen acceso a los mercados encararán un volumen total de asistencia limitado o incluso más reducido.

Perspectivas

Incluso con las perspectivas mixtas que se vislumbran para la situación económica internacional, en los años restantes del decenio de 1990 los países en desarrollo tienen posibilidades de alcanzar tasas de crecimiento más altas (Figura 8). Se proyecta que el PIB per cápita en términos reales de los países en desarrollo, que se mantuvo estancado en los años ochenta, se elevará a una tasa anual de alrededor del 2% después de 1996. Estas perspectivas más favorables constituyen en gran medida el dividendo producido por las amplias —y a menudo penosas— reformas económicas aplicadas durante la pasada década.

Como consecuencia de la crisis de la deuda, las inversiones del sector público de los países en desarrollo experimentaron una contracción en los años ochenta, que tuvo efectos devastadores en su infraestructura. Según estos países han superado la crisis de la deuda, la adopción de políticas fiscales y monetarias relativamente conservadoras ha mejorado los incentivos para el ahorro. También se han aumentado los incentivos para la inversión a través de privatizaciones, liberalización del comercio y mayor estabilidad macroeconómica, particularmente tasas más bajas de inflación. Estos factores se han sumado a un mejoramiento constante de los niveles educativos para producir un viraje en las tasas de crecimiento, en particular de los países de América Latina y del Caribe.

La región de Asia Oriental y el Pacífico, que viene beneficiándose con estas tendencias desde hace más tiempo, se caracteriza por un elevado crecimiento y una mayor integración regional en cuanto al comercio y las corrientes de capital. La solidez de los países de Asia Oriental es un factor importante de las expectativas positivas para el crecimiento e incremento de la eficiencia de los países en desarrollo en su conjunto. Dentro de esta región, la llamada zona económica china (ZEC), que abarca a China, Hong Kong y Taiwan, China, cuenta con una masa económica grande y en expansión, capaz de ejercer un importante efecto positivo en otras economías y alcanzar un persistente crecimiento a mediano plazo en circunstancias externas cambiantes. Puede considerarse que la región se está convirtiendo en un "cuarto polo de crecimiento" de la economía mundial.

Por ejemplo, si las importaciones a la zona económica china provenientes del resto del mundo siguen aumentando a un ritmo más o menos semejante al registrado en los últimos quince años (más de dos dígitos en volumen), el aumento en términos absolutos durante los próximos tres años sobrepasará las cifras correspondientes al Japón, y para el año 2002 también superará el nivel prevaleciente en ese país. Y si la producción de bienes y servicios de la ZEC se valorase a precios internacionales estándar en vez de utilizar el tipo de cambio oficial, en el año 2002 sobrepasaría a la de Alemania y el Japón y se aproximaría a la de los Estados Unidos, aunque sólo representaría una quinta parte de ese nivel en términos de PIB per cápita.

Las perspectivas difieren considerablemente de una región a otra. Se prevé que tanto el Asia Oriental como el Asia Meridional mantendrán tasas de crecimiento altas, aunque algo inferiores a las alcanzadas en el pasado decenio. En la región de América Latina y el Caribe la expectativa es que proseguirá la recuperación registrada en 1992. Para la región de Africa al Sur del Sahara se proyecta un crecimiento conjunto más favorable que todavía representará poco aumento en el consumo per cápita, por lo que no será posible la recuperación de los desastrosos descensos ocurridos en el decenio de 1980. Después de tres años de reestructuración y disminución del producto, se prevé que los países de Europa Oriental alcanzarán una tasa media de crecimiento de aproximadamente 4%-5% a mediano plazo. Las economías que integran la antigua Unión Soviética sufrieron un desplome en general semejante de su PIB entre 1989 y 1992; en 1993 se prevé otra importante caída del producto, y sigue habiendo gran incertudumbre acerca tanto de la oportunidad como de la magnitud de la recuperación. El grado de incertidumbre es particularmente grande en el caso de las proyecciones para estas economías. Se prevé que la región de Oriente Medio y Norte de Africa logrará un crecimiento del 4%-5%, su mejor actuación desde los años setenta, gracias a los precios más sólidos del petróleo en términos reales a partir de mediados del decenio. Como se señala en el último capítulo de esta obra, estas proyecciones se basan en una variedad de supuestos relativos a la evolución tanto de las economías nacionales como de la economía internacional.

El riesgo de una evolución desfavorable de la economía internacional hace que resulte todavía más importante que las naciones industriales tomen medidas para ayudar a los países en desarrollo a encarar los desafíos del entorno externo. Una forma de hacerlo es incrementando el acceso de los países en desarrollo a los mercados de las naciones industriales y asegurando la rápida terminación de la Ronda Uruguay. Otra forma consiste en elevar el ahorro del sector público (es decir, reducir los déficit fiscales), lo que tenderá a rebajar las tasas de interés reales. En el caso de la IED, las naciones industriales podrán ayudar adoptando políticas tendientes a la apertura comercial, concluyendo tratados de doble tributación y estableciendo programas e instituciones de promoción. Respecto de las corrientes de inversiones de cartera, las autoridades pertinentes de las naciones industriales deberán examinar las posibilidades de atenuar la reglamentación sin abandonar las normas de prudencia, así como de facilitar el acceso a los lanzamientos en los mercados de valores. Y en relación con la asistencia, los países donantes deberán asegurar que los volúmenes disponibles se concentren en los países más pobres y en las necesidades excepcionales de las antiguas economías socialistas, y deberán reducir el condicionamiento de la ayuda a la realización de adquisiciones.

La creciente escala de la actividad económica del mundo en desarrollo durante el decenio de 1990 planteará serios desafíos en relación con los esfuerzos de los países por mejorar la gestión ambiental. Sin una gestión eficaz, el crecimiento más rápido podría incrementar el peligro de contaminación industrial, deforestación y agotamiento de los recursos hídricos. El reto de lograr un desarrollo sostenible radicará en transformar el reconocimiento de los problemas ambientales en incentivos que influyan en el comportamiento y en contrarrestar las deficiencias del mercado con políticas e instituciones eficaces. Si se aplican políticas satisfactorias y se crea un entorno económico y financiero internacional propicio, los países en desarrollo podrán alcanzar un crecimiento sostenible en el próximo decenio.

Notas

1. Calculado para un conjunto de cincuenta y ocho países en desarrollo para los que se disponía de datos, que representan el 65% del PIB de todos los países en desarrollo.

2. También han surgido otras demandas excepcionales como consecuencia de la sequía existente en Africa; por ejemplo, en diciembre de 1992 Zimbabwe recibió de los donantes, con la coordinación del Banco Mundial, un conjunto de asistencia en condiciones concesionarias por valor de US$1.400 millones.

موجز

البيئة المالية في التسعينات

كان معدل نمو الدول النامية ضعيفا في بداية التسعينات، بل انه انخفض بالفعل بنسبة الفرد، مما يعكس جزئيا انخفاض الانتاج المرتبط بالتحول الهيكلي في جمهوريات الاتحاد السوفيتي السابق وأوروبا الشرقية، والانكماش الاقتصادي في الولايات المتحدة، وامتداده مؤخرا الى ألمانيا واليابان. كما أن آفاق النمو في الدول النامية مقيدة على المدى القصير باحتمالات الانتعاش غير المؤكدة في الدول الصناعية التي يمثل انتاجها ثلاثة أرباع الانتاج العالمي.

ومع ذلك، تبدو آفاق النمو أكثر اشراقا بالنسبة للسنوات الباقية من عقد التسعينات، مما يبشر بالأمل في تحقيق معدلات نمو أعلى كثيرا مما تحقق في الثمانينات. وتتمثل الأسباب الرئيسية في التحسنات المتوقعة في معدلات النمو في الدول النامية فيما يلي: اصلاح السياسات الاقتصادية، والاتجاهات المؤاتية في جانب العرض، واستقرار أسعار المنتجات الأولية التي استمرت في الهبوط طوال أكثر من عشر سنوات. ونرى أن اصلاحات السياسات التي نفذتها الدول النامية في النصف الثاني من الثمانينات وأوائل التسعينات - خاصة زيادة الانفتاح التجاري، ومعالجة مشكلة ديونها المتراكمة المستحقة للبنوك التجارية، وتعزيز الأنظمة المالية - قد مالت الى تشجيع زيادة معدلات الادخار واستعادة القدرة على الحصول على موارد مالية من أسواق رأس المال الدولية، وتحسين كفاءة استخدام رأس المال والأيدي العاملة، مما يؤدي الى زيادة القدرة على المنافسة في الأسواق الدولية ورفع معدلات النمو الاقتصادي.

نمط جديد لتدفقات التمويل الخارجي

سيساعد على تسهيل تحقيق هذه التطورات زيادة توفر التمويل الخارجي من مصادر خاصة، لا سيما في شكل استثمار أجنبي مباشر وسندات ومساهمات في رأسمال المشروعات والمؤسسات. وقد مثل عقدا السبعينات والثمانينات سنوات الرواج ثم الكساد فيما يتعلق بتقديم البنوك التجارية موارد مالية للدول النامية، ولكن ذلك لا يمثل سوى جزء من قصة التحول الجذري في نمط التدفقات المالية الخارجية الى الدول النامية في أوائل التسعينات، من التمويل بالدين الى التمويل بالاكتتاب في أسهم رأس المال، ومن المصادر المصرفية الى المصادر غير المصرفية. فقد استبدلت قروض البنوك التجارية بتدفقات الاستثمار في السندات والأسهم وزيادة حجم الاستثمار الأجنبي المباشر (الشكل ١). وقد أسهمت هذه المصادر غير المصرفية بمعظم الزيادة التي حدثت في الآونة الأخيرة في التدفقات المالية الى الدول النامية. ولا تتمثل الأهمية الرئيسية لهذه التدفقات من المصادر الخاصة في الشروط التي تقدم بها - والتي يحتمل أن تعكس أسعار فائدة حقيقية مرتفعة نسبيا - بقدر ما تتمثل في المنافع المقترنة بها واحتمال استخدامها بكفاءة أكبر من تلك التي استخدمت بها القروض المقدمة لحكومات الدول النامية خلال فترة الرواج في السبعينات. وتشمل هذه المنافع في حالة الاستثمار الأجنبي المباشر نقل التكنولوجيا والخبرة الادارية واتاحة امكانيات تسويق الصادرات، وفي حالة الاستثمار في السندات، توسيع قاعدة المستثمرين، وفي حالة تدفقات الاستثمار في الأسهم تخفيض التكاليف المحلية لرأس المال. ولكن هذه الفرص التمويلية الجديدة تجلب معها أيضا تحديات جديدة في مجال ادارة الاقتصاد الكلي والادارة المالية.

كذلك وجد القطاع الخاص مكانا في جانب الاقتراض أيضا. فخلال السنوات القليلة الماضية، تمكّنت شركات القطاع الخاص في مجموعة متنوعة من الدول مثل ماليزيا والمكسيك وتركيا وتايلاند من الحصول على موارد من أسواق الأسهم والسندات الدولية، ونتيجة لذلك انعكس اتجاه الهبوط النسبي في اقتراض القطاع الخاص طوال السبعينات وحتى منتصف الثمانينات (انظر الشكل ٢).

وتظهر، في اطار هذا النمط العام، فجوة متزايدة الاتساع بين الدول النامية التي بامكانها الوصول الى أسواق رأس المال الخاصة للحصول على قروض مصرفية وموارد مالية مقابل سندات وأسهم، وبين الدول التي لا يمكنها ذلك. في حالة الدول التي تجنبت اعادة هيكلة ديونها (كالصين والهند واندونيسيا وجمهورية كوريا، على سبيل المثال) أو

الشكل ١: نمط تدفقات التمويل الخارجي الى الدول النامية: اجمالي التدفقات الطويلة الأجل

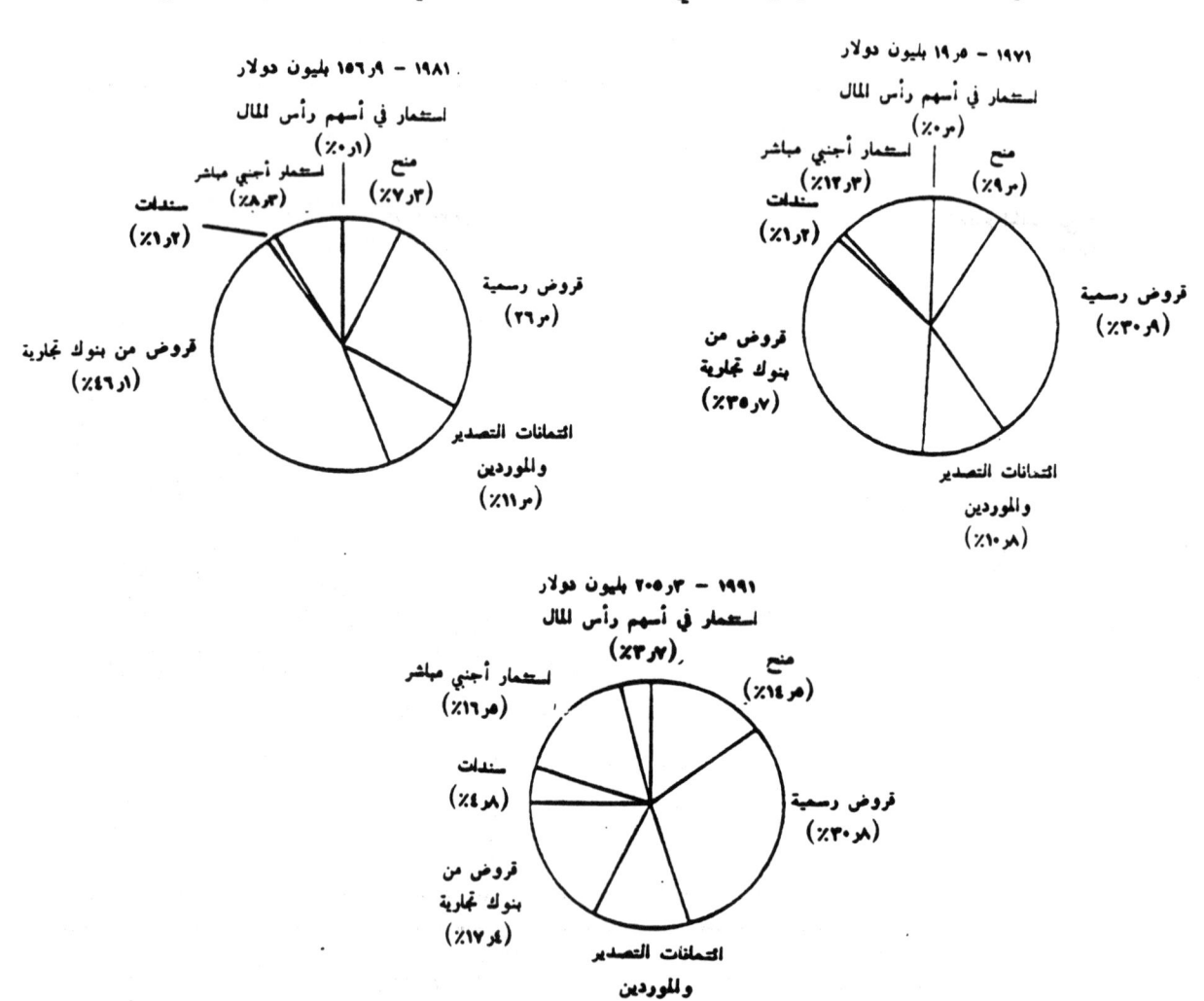

١٩٧١ – ١٩٫٩ بليون دولار
استثمار في أسهم رأس المال (٠٫٥%)
استثمار أجنبي مباشر (١٢٫٣%)
منح (٩٫٥%)
سندات (١٫٢%)
قروض رسمية (٣٠٫٩%)
قروض من بنوك تجارية (٣٥٫٧%)
ائتمانات التصدير والموردين (١٠٫٨%)

١٩٨١ – ١٥٦٫٩ بليون دولار
استثمار في أسهم رأس المال (٠٫١%)
منح (٧٫٣%)
استثمار أجنبي مباشر (٨٫٣%)
سندات (١٫٢%)
قروض رسمية (٢٦٫٥%)
قروض من بنوك تجارية (٤٦٫١%)
ائتمانات التصدير والموردين (١١٫٥%)

١٩٩١ – ٢٠٥٫٣ بليون دولار
استثمار في أسهم رأس المال (٣٫٧%)
منح (١٤٫٥%)
استثمار أجنبي مباشر (١٦٫٥%)
سندات (٤٫٨%)
قروض رسمية (٣٠٫٨%)
قروض من بنوك تجارية (١٧٫١%)
ائتمانات التصدير والموردين (١٢٫٣%)

ملاحظة: استنادا الى البيانات المتوفرة عن مائة وخمس عشرة دولة. لا تتوفر بيانات عن الاتحاد السوفيتي السابق بالنسبة لعامي ١٩٧١ و١٩٨١.
المصدر: البنك الدولي، نظام ابلاغ الدول المدينة عن ديونها، وتقديرات موظفي البنك الدولي.

التي نجحت في تخفيض ديونها المستحقة للبنوك التجارية كجزء من جهد اصلاحي شامل (كالأرجنتين وشيلي والمكسيك، على سبيل المثال) نرى أنها تمكّنت من الاحتفاظ بقدرتها على الحصول على موارد من أسواق رأس المال أو استعادة هذه القدرة. وعلى نقيض ذلك، في حالة الكثير من الدول الشديدة المديونية المنخفضة الدخل أو ذات الدخل المتوسط المنخفض المحملة بديون رسمية بصورة رئيسية، نرى عدم توفر فرصة واقعية تذكر للحصول على موارد من أسواق رأس المال الخاصة (باستثناء الائتمانات التجارية القصيرة الأجل) في المستقبل المنظور.

وقد استفادت أشد الدول فقرا من الزيادة المستمرة للتدفقات المالية الرسمية خلال السبعينات والثمانينات، وفي هذا الاطار، من الزيادة في العنصر الميسر المتمثل في المنح. وقد ضمن هذا الاتجاه أن يظل صافي التحويلات (أي صافي التدفقات مطروحا منه مدفوعات الفوائد وتحويلات الأرباح) ايجابيا في السنوات الأخيرة بالنسبة لمناطق جنوب آسيا، والشرق الأوسط، وافريقيا جنوب الصحراء (الشكل ٣). وتجدر الاشارة بصورة خاصة الى زيادة التحويلات الرسمية الى دول افريقيا جنوب الصحراء بالنسبة لحجم اقتصادات تلك الدول المتلقية للمساعدات.

الشكل ٢: نصيب المقترضين من القطاع الخاص من الموارد المالية الخارجية المقدمة للدول النامية

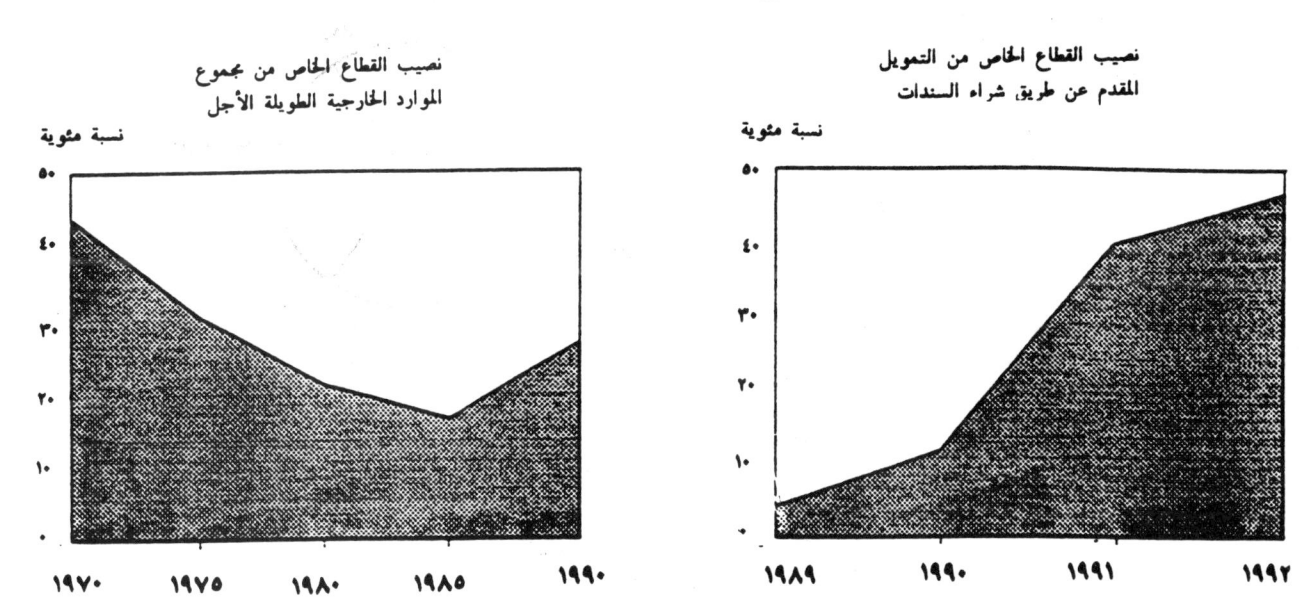

ملاحظة: يشمل مجموع الموارد الخارجية الطويلة الأجل المنح الرسمية واجمالي مدفوعات الديون الرسمية والخاصة، بما في ذلك مشتريات حقوق السحب الخاصة من صندوق النقد الدولي، وصافي تدفقات الاستثمار الأجنبي المباشر، واجمالي تدفقات الاستثمار في أسهم رأس المال. النسب المئوية عبارة عن نصيب المقترضين من القطاع الخاص من كل من مجموع الموارد المالية الطويلة الأجل المقدمة للدول النامية والتمويل المقدم عن طريق شراء السندات التي تصدرها الدول النامية.

المصدر: البنك الدولي، نظام ابلاغ الدول المدينة عن ديونها، وتقديرات موظفي البنك الدولي.

الصدمات الخارجية والتكامل المالي

مع تغير نمط تدفقات التمويل، تغير أيضا هيكل الأسواق المالية. فقد أدت الزيادة في تقلبات أسعار الفائدة والصرف الى زيادة منافع تنويع الاستثمارات لتقليل المخاطر وشجّعت على الالغاء الفعلي للضوابط المفروضة على حسابات رأس المال في الدول النامية، أي على زيادة التكامل المالي بين أسواق هذه الدول والأسواق العالمية.

39

ولكن بصرف النظر عن درجة التكامل المالي، تتعرض الدول النامية منذ وقت طويل لصدمات خارجية كبيرة وتعاني من مشكلة هروب رؤوس الأموال. فخلال العقدين الماضيين، كانت درجة متغيرات الصدمات الخارجية (على سبيل المثال، الصدمات المتعلقة بمعدلات التبادل التجاري وأسعار الفائدة) التي تعرّضت لها الدول النامية تعادل تقريبا مثلي درجة متغيرات الصدمات التي تعرّضت لها الدول الصناعية، بحيث بلغت في كثير من الأحيان 4 في المائة من اجمالي الناتج المحلي من حيث تأثيرها على الحساب الجاري. وعلاوة على ذلك، وبسبب تقنين الائتمان، تمكّنت الدول النامية من تمويل نسبة أصغر كثيرا من الاحتياجات الناجمة عن هذه الصدمات، واضطرت بالتالي الى التكيف مع الأوضاع التي استلزمتها الصدمات الخارجية المناوئة أكثر من الدول الصناعية.

الشكل 3: مجموع صافي التحويلات كحصة من اجمالي الناتج القومي
(نسبة مئوية)

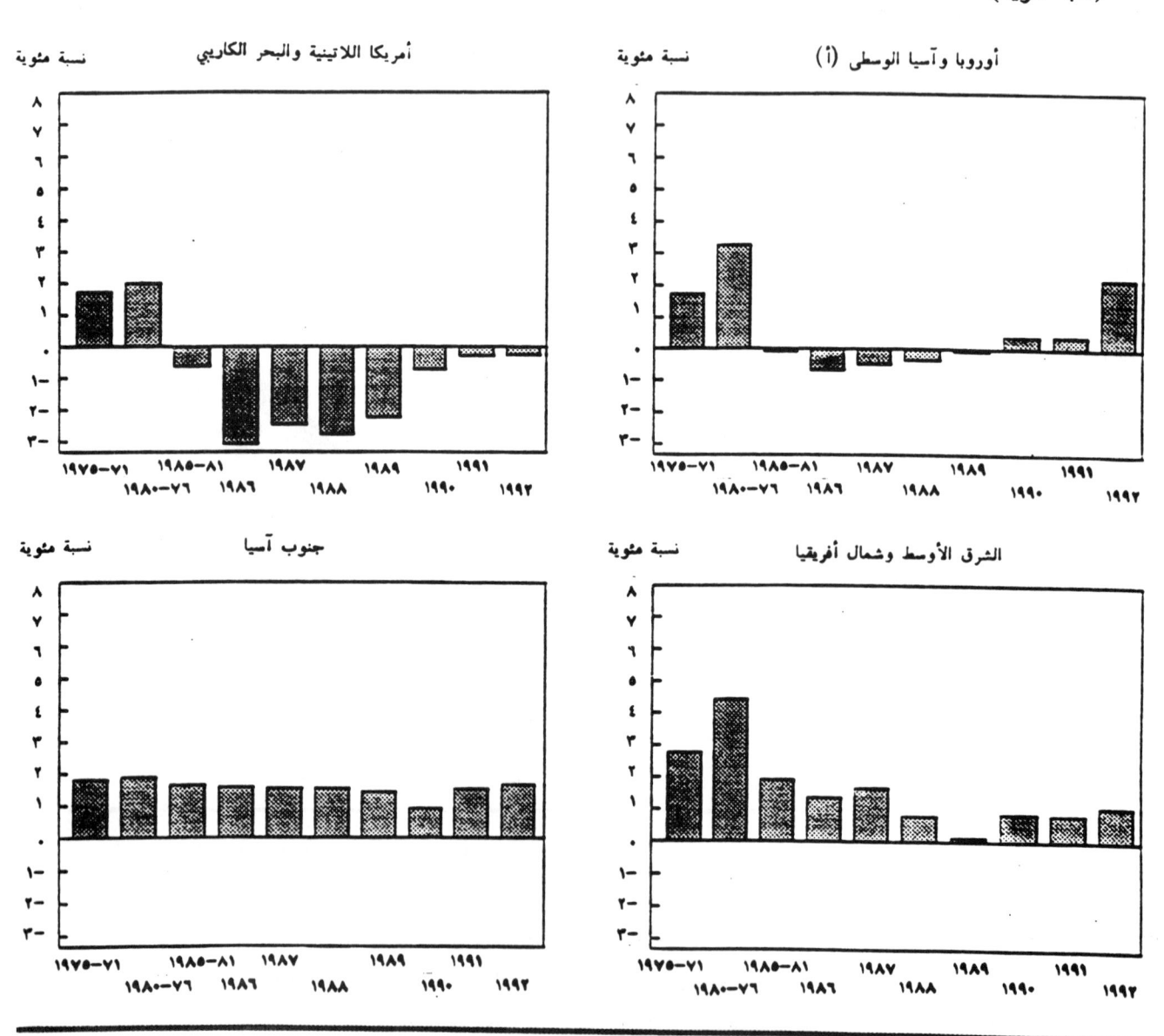

شرق آسيا والمحيط الهادئ

أفريقيا جنوب الصحراء (ب)

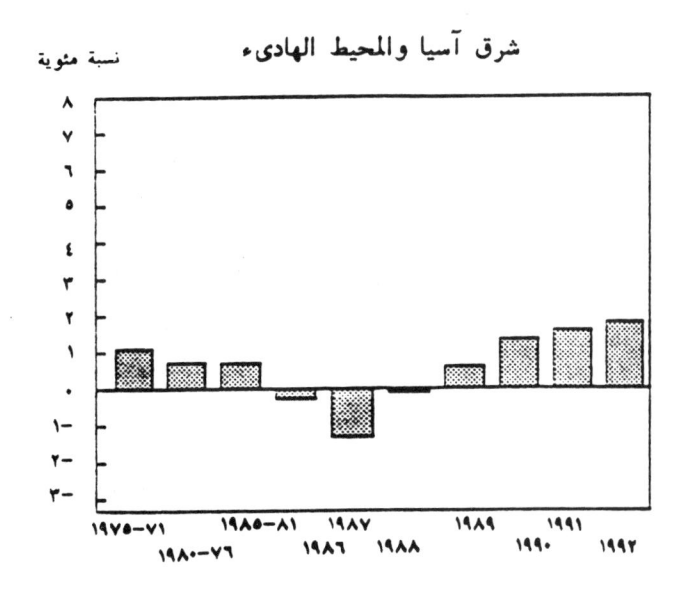

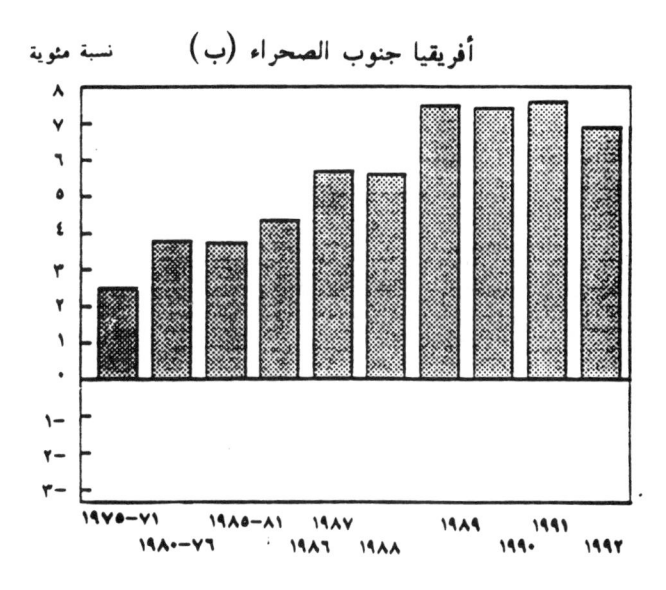

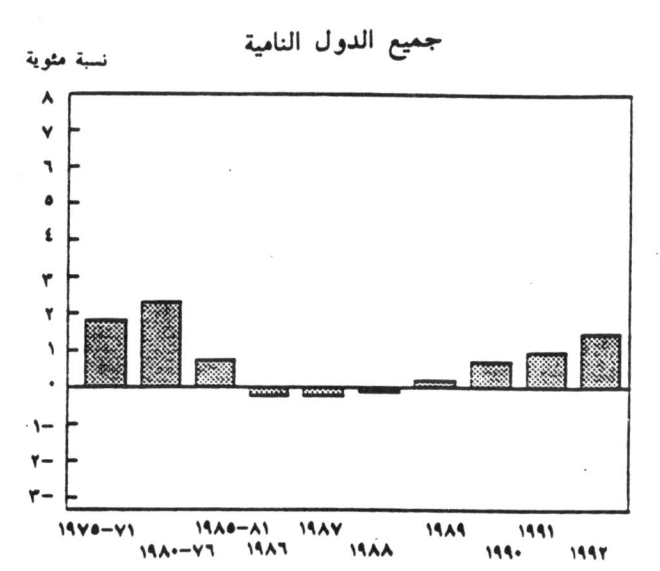

جميع الدول النامية

ملاحظة: البيانات الخاصة بالفترات ١٩٧١-١٩٧٥ و١٩٧٦-١٩٨٠ و١٩٨١-١٩٨٥ عبارة عن متوسطات لهذه الفترات.

(أ) تشمل الاتحاد السوفيتي السابق اعتبارا من عام ١٩٨٥.
(ب) لا تشمل دولة جنوب أفريقيا.

المصدر: نظام إبلاغ الدول المدينة عن ديونها.

وقد اعتبرت مشكلة هروب رؤوس الأموال عادة من المشاكل التي عانت منها بضع دول في أمريكا اللاتينية بالإضافة إلى دولة أخرى أو دولتين، ولكن الحقائق تشير إلى عكس ذلك. يمثل ارتفاع مجموع رؤوس الأموال الهاربة بالنسبة إلى إجمالي الناتج المحلي ظاهرة واسعة الانتشار (الشكل ٤).(١) وقياسا بهذا المعيار، يعتبر وضع منطقة أفريقيا جنوب الصحراء أسوأ كثيرا من وضع منطقة أمريكا اللاتينية، إذ يعادل مجموع رؤوس الأموال الهاربة من أفريقيا جنوب الصحراء حوالي ٨٠ في المائة من إجمالي الناتج المحلي. كما تعاني منطقة الشرق الأوسط وشمال أفريقيا من هذه المشكلة، حيث واجهت مصر وسوريا والأردن هروب تدفقات رأسمالية كبيرة إلى الخارج.

ويؤكد عكس اتجاه هروب رؤوس الأموال في الآونة الأخيرة خاصة في حالة ثلاث من دول أمريكا اللاتينية - الأرجنتين والمكسيك وفنزويلا - أهمية اتباع سياسات محلية سليمة فيما يتعلق مثلا بسعر الصرف الحقيقي، والوضع المالي، والنقل الواسع النطاق للملكية أو إدارة مؤسسات القطاع العام إلى القطاع الخاص، والقيود الشديدة المفروضة على القطاع المالي. وجدير بالذكر أن عودة رؤوس الأموال الهاربة تأتي بعد تنفيذ برامج التكييف والإصلاح بنجاح، كما يتضح من بدء عودة التدفقات إلى المكسيك في عام ١٩٨٩، وإلى دول أمريكا اللاتينية الأخرى في أوائل عام ١٩٩١.

القضايا الرئيسية المرتبطة بالتمويل الخارجي في التسعينات

يثير النمط الجديد للتمويل الخارجي مجموعة كبيرة من القضايا المترابطة بالنسبة للدول النامية. ويتعين على هذه الدول أن تتفحص منافع واستمرارية الأشكال المختلفة للتمويل وأن تقيم مدلولات الأنواع المختلفة من التدفقات المالية فيما يتعلق بإدارة الاقتصاد الكلي والإدارة المالية. بالنسبة للاستثمار الأجنبي المباشر، تتمثل القضايا الواجب بحثها في تحديد المنافع التي يحققها والأوضاع التي يجب توفرها لاجتذابه. وبالنسبة لتدفقات الاستثمار في الأسهم والسندات، تتمثل القضايا المطروحة في تحديد احتمال استمرارية الطفرة التي طرأت أخيرا على حجم هذه التدفقات إلى الدول النامية وكيفية إدارة الآثار الناجمة عن تقلبات التدفقات.

كما أن موضوع المعونات بعد انتهاء الحرب الباردة يحتاج إلى إعادة تفكير. فمع تزايد عدد الدول التي تصبح مؤهلة للحصول على هذه المعونات، تواجه الدول المانحة لها مشكلة تتمثل في كيفية تعبئة موارد إضافية وتحسين نوعية هذه الموارد وأسلوب تخصيصها.

الاستثمار الأجنبي المباشر: المنافع التي تتجاوز مجرد التمويل

يمثل الاستثمار الأجنبي المباشر مصدرا كبيرا ومتزايدا للموارد المالية التي قد تساعد الدول النامية على سد فجوة التكنولوجيا التي تفصل بينها وبين الدول المرتفعة الدخل، وتطوير المهارات الإدارية، وتنمية أسواق صادراتها. غير أنه يجب عدم الاعتماد على الاستثمار الأجنبي المباشر لتمويل العجز في موازين المدفوعات على المدى المتوسط، نظرا لارتفاع تحويلات الأرباح إلى الخارج في كثير من الأحيان، ضمن أسباب أخرى.

بلغت تدفقات الاستثمار الأجنبي المباشر إلى الدول النامية ٣٨ بليون دولار أمريكي في عام ١٩٩٢، بزيادة قدرها ٥٠ في المائة على مستواها قبل عامين، مما يعكس تحسن أداء الاقتصاد الكلي (خاصة في بعض دول أمريكا

اللاتينية، عقب التوصل الى اتفاقيات لتخفيض ديونها)، وتطبيق لوائح تنظيمية أكثر ترحيبا بالاستثمار الأجنبي المباشر (على سبيل المثال، في تايلاند)، وتنفيذ برامج نشطة لتحويل الديون ولنقل ملكية أو ادارة مؤسسات القطاع العام الى القطاع الخاص (الشكل ٥). وقد تضاعفت تقريبا الحصة الموجهة الى الدول النامية من المجموع العالمي لتدفقات الاستثمار الأجنبي المباشر من أقل من ١٢ في المائة في عام ١٩٨٧ الى ٢٢ في المائة في عام ١٩٩١.

وقد ازدادت أهمية الاستثمار الأجنبي المباشر بالنسبة لاجمالي الاستثمار المحلي والانتاج في الدول النامية في معظم مناطق عمل البنك خلال العقدين الماضيين. ولكن نسبة الاستثمار الأجنبي المباشر الى اجمالي الاستثمار المحلي لا تزال منخفضة جدا (حيث تتراوح بين ١ في المائة و٤ في المائة) بالنسبة لعدد من الدول الرئيسية المتلقية لهذه الاستثمارات (البرازيل والصين واندونيسيا وكوريا)، بينما كانت هذه النسبة مرتفعة في حالة دولتين (ماليزيا وفنزويلا)، حيث بلغت حوالي ٢٠ في المائة. ولو ارتفعت نسبة الاستثمار الأجنبي المباشر الى اجمالي الاستثمار المحلي في حالة جميع الدول النامية الى نصف نسبة – أي الى ١٠ في المائة – لتحققت زيادة هائلة في حجم الاستثمار الأجنبي المباشر – حوالي ٤٠ بليون دولار أمريكي سنويا، أي أكثر من المستوى الحالي لمجموع تدفقات الاستثمار الأجنبي المباشر الى الدول النامية.

الشكل ٤: مجموع رؤوس الأموال الهاربة كحصة من اجمالي الناتج المحلي، حسب المناطق
(أسلوب حساب القيمة المتبقية/البنك الدولي)*

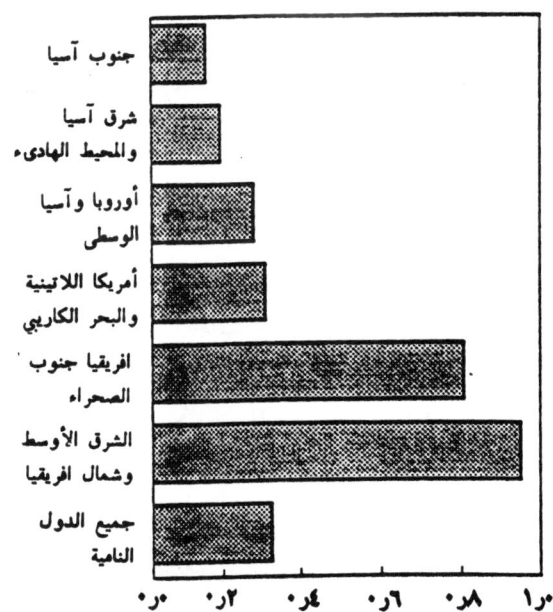

الشكل ٥: تدفقات الاستثمار الأجنبي المباشر الى الدول النامية

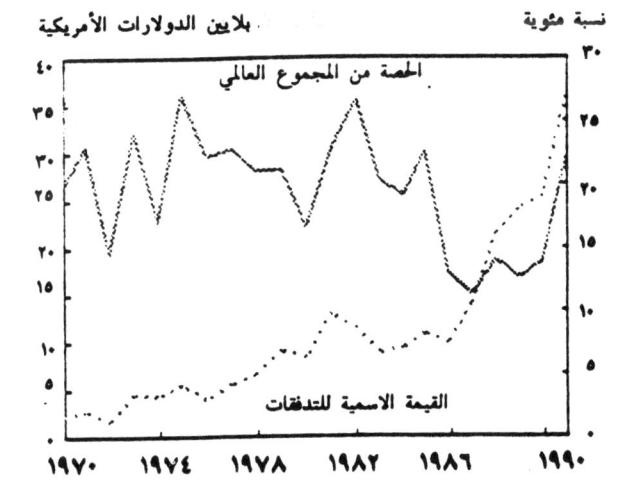

ملاحظة: صافي تدفقات الاستثمار الأجنبي المباشر الى الدول النامية. البيانات لا تشمل المملكة العربية السعودية.
المصدر: الكتاب السنوي لموازين المدفوعات الذي يصدره صندوق النقد الدولي، وتقديرات موظفي البنك الدولي.

المصدر: تقديرات موظفي البنك الدولي.
* أسلوب حساب القيمة المتبقية لرؤوس الأموال الهاربة عبارة عن تدفقات الاستثمار الأجنبي المباشر زائد القروض الخارجية ناقص الزيادة في الاحتياطيات ناقص العجز في الحساب الجاري.

خلال الثمانينات والتسعينات، تحوّلت تدفقات الاستثمار الأجنبي المباشر عن قطاعي الصناعات التحويلية والاستخراجية الى قطاع الخدمات، خاصة الصناعات الخدمية الجديدة المكثفة الاستخدام لرأس المال، كالخدمات المصرفية والمرافق العامة والاتصالات السلكية واللاسلكية والنقل، وهي الصناعات التي يجري حاليا نقلها الى القطاع الخاص.

ويسهم الاستثمار الأجنبي المباشر اسهاما هاما في الصناعات التحويلية الموجهة نحو التصدير. فعلى سبيل المثال، تنتج الشركات الأجنبية أكثر من نصف صادرات السلع المصنوعة في ماليزيا والمكسيك والفلبين. وأظهر مسح أجري أخيرا للشركات العاملة في تايلاند أن حصة الشركات الأجنبية بلغت حوالي ثلاثة أرباع صادرات السلع المصنوعة (شعبة الأمم المتحدة للادارة والشركات عبر الوطنية، ١٩٩٢). وقد استخدمت معظم هذه الاستثمارات في الانتاج الذي يتطلب خبرة تكنولوجية وصناعية عالية، على سبيل المثال، في الأجهزة الكهربائية والالكترونية والآلات غير الكهربائية والكيماويات.

ويرى البعض أن الاستثمار الأجنبي المباشر هو المصدر الوحيد لرأس المال الخاص الذي يمكن لأي دولة نامية أن تأمل في الاستفادة منه، اذ أنه يصل الى الدول المتوسطة الدخل والدول المنخفضة الدخل على حد سواء، الكبيرة منها والصغيرة، المتمتعة منها بالأهلية الائتمانية وغير المتمتعة بها. وعلى نقيض تدفقات الاستثمار في السندات أو الأسهم، فان الاستثمار الأجنبي المباشر لا يتطلب سوقا منظمة لرأس المال، وانما يتطلب قطاعا خاصا قويا يمكنه تحقيق معدل عائد معقول في بيئة اقتصاد كلي مستقرة. واذا ارادت الدولة المضيفة أن تجني منافع الاستثمار الأجنبي المباشر، فانه يتعين عليها انشاء اطار سليم للسياسات (على سبيل المثال، تحقيق انفتاح النظام التجاري) بما يؤدي الى تخفيض التشوهات الى أدنى حد.

ويتعين على الدول النامية التي ترغب في اجتذاب تدفقات الاستثمار الأجنبي المباشر دراسة اجراءات مثل انشاء اطار قانوني واضح لا يميز بين المستثمرين المحليين والأجانب، واتباع نظام متحرر للصرف الأجنبي، ووضع لوائح تنظيمية وانشاء مؤسسات مشجعة للمستثمرين.

الزيادة في تدفقات الاستثمار في الأسهم والسندات: هل هي ظاهرة مؤقتة أم قابلة للاستمرار؟

طرأت زيادة هائلة على تدفقات الاستثمار في السندات والأسهم من المصادر الخاصة بين عامي ١٩٨٩ و١٩٩٢. وقد اتجهت معظم هذه الزيادة الى بضع دول في أمريكا اللاتينية وشرق آسيا، على الرغم من أن نطاق الدول المصدرة لهذه السندات والأسهم اتسع بدرجة كبيرة. وقد زاد اجمالي تدفقات الاستثمار في الأسهم الى دول أمريكا اللاتينية أكثر من عشرة أمثال خلال أربع سنوات، فارتفع من ٤٣٤ مليون دولار أمريكي في عام ١٩٨٩ الى ما يقدر بحوالي ٥ر٦ بليون دولار أمريكي في عام ١٩٩٢، كما طرأت زيادة كبيرة مماثلة على اصدارات السندات الدولية. وتألفت معظم هذه التدفقات من عودة رؤوس الأموال الهاربة، وبعض الموارد المالية المرتفعة العائد والعالية المخاطر، بينما تألف جزء صغير منها من استثمارات مقدمة من صناديق المعاشات وشركات التأمين وصناديق الاستثمار وصناديق الاستثمار الجماعي في أسواق رأس المال.

والمنفعة الرئيسية التي تجنيها الدول النامية من تدفقات الاستثمار في الأسهم والسندات هي تخفيض تكلفة رأس المال، وقد بلغ حوالي ١٠ في المائة في حالة شركة الهاتف المكسيكية التي باعت أسهمها في الأسواق الدولية في

مايو/أيار ١٩٩١٠ وبالاضافة الى ذلك، يحتمل تحقيق منافع جانبية هامة فيما يتعلق بتسعير الأسهم التي تطرح في الأسواق المحلية.

ولو نفترض أن المستثمرين في الدول الصناعية حازوا على نسبة من الأوراق المالية التي تصدرها الدول النامية مماثلة لحصة الأسواق الناشئة من القيمة الكلية للأوراق المالية المتداولة في الأسواق العالمية (والتي تبلغ حاليا ٦ في المائة)، لزادت تدفقات الموارد الى الدول النامية بحوالي ٤٠ بليون دولار أمريكي سنويا، وهي زيادة تفوق التدفقات الجارية للاستثمار الأجنبي المباشر. (تستند هذه العملية الحسابية الى معدل نمو سنوي متوسط يبلغ ٧ في المائة في أصول المستثمرين في دول منظمة التعاون الاقتصادي والتنمية على المدى المتوسط، واعادة الموازنة التدريجية للأسهم التي يحوزها هؤلاء المستثمرون حاليا). ويعتبر هذا الوضع بمثابة استراتيجية مثلى لو كانت أسواق رأس المال العالمية تعمل بكفاءة كاملة. ومع ذلك، فان تجزؤ أسواق الدول النامية وما يستتبع ذلك من انخفاض درجة الارتباط بين نشاطها وتغيرات الأسعار في الأسواق الدولية يمثل أحد الأسباب التي تبرر قيام المستثمرين من الدول الصناعية باستثمار نسبة من مواردهم أكبر من النسبة النمطية في الأسواق ("الناشئة") في الدول النامية، ذلك أن هذه الأسواق تتيح منافع كبيرة من حيث تنوع فرص الاستثمار وتوفر عوائد عالية محددة حسب درجة المخاطر (الشكل ٦).

وتظهر معدلات العوائد المتحققة خلال فترة السنوات الخمس ١٩٨٧-١٩٩١ بالنسبة لأسواق الأسهم الأمريكية والناشئة أنه لو حاز المستثمرون الأمريكيون نسبة ٢٠ في المائة من حوافظهم في الأسواق الناشئة (مقابل نسبة حيازة فعلية لا تزيد على جزء ضئيل من ١ في المائة)، لأمكنهم زيادة متوسط العائد الذي حققوه بحوالي ١ في المائة سنويا واجراء تخفيض كبير في المخاطر التي يتعرضون لها (والتي تقاس باختلاف معدلات العوائد).

وهناك بطبيعة الحال أسباب وجيهة أخرى لعدم قيام المستثمرين في الأسواق العالمية باستثمار نسبة أكبر من أموالهم في الأسواق الناشئة، الى جانب نزعتهم المتحفظة وعدم درايتهم بتلك الأسواق. هناك عائقان رئيسيان هما محدودية الأسواق المحلية والقيود التي تفرضها اللوائح التنظيمية المطبقة فيها. كما أن عدم توفر معلومات كافية، وصغر حجم الأسواق، وعدم توفر السيولة، تثني المستثمرين عن الاستثمار في تلك الأسواق. ومن الأمور الهامة الأخرى التباين الشديد في اللوائح المنظمة لأنشطة صناديق المعاشات وشركات التأمين وهيئات الاستثمار الأخرى في دول المصدر (الدول التي تأتي منها الموارد المالية). وهناك عائق آخر يتمثل في اللوائح المنظمة لدخول أسواق رأس المال والخروج منها في الدول النامية، وهي لوائح تتراوح بين عدم وضع قيود تذكر على شراء الأسهم واعادة الدخل (الأرباح) ورأس المال الى الخارج وبين فرض قيود مشددة في هذا المجال. وهناك تسع أسواق ناشئة تسمح بحرية دخول كاملة، واثنتا عشرة سوقا أخرى تسمح بحرية دخول نسبية، بينما تفرض قيود على دخول ست أسواق أخرى.

وينشأ القلق بشأن عدم استمرارية تدفقات الاستثمار في الأسهم والسندات الى حد كبير من خشية الدول النامية من حدوث تغيير في الأوضاع الاقتصادية في دول المصدر. فعلى سبيل المثال، قد يؤدي عكس اتجاه أسعار الفائدة القصيرة الأجل المنخفضة واحتمالات النمو الضعيفة في الولايات المتحدة الى انخفاض تدفقات الاستثمار في الأسهم والسندات الى دول أمريكا اللاتينية. وتمثل هذه الأوضاع عاملا هاما يحدد مستوى تدفقات الاستثمار في الأسهم، ولكنه ليس عاملا حاسما بأي حال من الأحوال. فلو ارتفعت أسعار الفائدة الحقيقية بالدولار الأمريكي بنسبة ١٠٠ نقطة مئوية، أي ١ في المائة، وهي نسبة عالية، لانخفض صافي تدفقات الاستثمار في الأسهم الى الدول النامية بمبلغ يقدر بحوالي بليوني دولار أمريكي سنويا (استنادا الى منحنى انحدار تدفقات الاستثمار في الأسهم مقابل ارتفاع أسعار الفائدة

45

الأمريكية، والانتاج الصناعي الأمريكي، والمركز الائتماني للدول المتلقية لتدفقات الاستثمار في الأسهم، والعائد النسبي في أسواق الأوراق المالية).

ومـن المفترض أن تكون امكانية الحصـول على تدفقـات الاستثمـار في الأسهم والسنـدات قـابلة للاستمرار بصورة معقولة، شريطة أن تثابر الدول المتلقية لها على تنفيذ الاصلاحات، على أنه يجب ألا تتوقع دول أمريكا اللاتينية الحصـول في السنوات المقبلة على تدفقات كبيرة كتلـك التي حصلت عليها في عـامي ١٩٩١ و١٩٩٢. ويرجع أحد أسباب ذلك الى أن التـدفقات التي حصلت عليها في الآونة الأخيرة مثلت الى حد ما تعـديلا أجراه المستثمرون في مجموع التدفقات، وهو تعديل يحدث مرة واحدة.

واذا رغبت الدول النامية في الانتفاع بميزة تخفيض تكلفة رؤوس الأموال التي تحصل عليها، فانه يتعين عليها تبعا لذلك زيادة امكانية حصول قطاع الشركات الخاصة على رؤوس الأموال الخارجيـة واجراء اصلاحات في أسواقها الرأسمالية على مستوى الاقتصاد الكلي، بما في ذلك تسجيل أسهم عدد قليل من الشركات على الأقل في أسواق الأوراق المالية الدولية. وبوسع سلطات أسواق الأوراق المالية في دول المصدر المساعدة في هذا المجال بتخفيف شروط دخول تلك الأسواق.

المعونات بعد انتهاء الحرب الباردة

تتعرض المعونات بعد انتهاء الحرب الباردة لضغوط نتيجة لزيادة التنافس عليها من جانب دول جديدة أصبحت مؤهلة بالفعل للحصول عليها أو ينتظر أن تصبح مؤهلة لذلك، وللاحتياجات غير العادية لاقتصادات الدول الاشتراكية السائرة على طريق الاصلاح، ومتطلبات التمويل اللازمة لمواجهة الاهتمامات بالبيئة الدولية. وتواجه الدول المانحة للمعونات مشكلة تتمثل في كيفية تعبئة موارد اضافية اذا أرادت أن تتفادى انقاص المعونات الموجهة للمحتاجين في الدول الفقيرة.

وقـد ظلت تدفقات المعونات ثابتة تقريبـا كنسبة مئوية من اجمالي الناتج القومي للدول المانحة بين عامي ١٩٨١ و١٩٩١، ومع ذلك تحققت زيادة حقيقية في حجم واردات الدول النامية (الشكل ٧). ولكن بعض الدول المانحة (على سبيل المثال، ايطاليا والسويد) أجرت في الآونة الأخيرة تخفيضات في برامج المعونات، أو أعلنت أنها تزمع اجراء مثل هذه التخفيضات. غير أن الجانب المشرق الوحيد في هذه الصورة هو زيادة درجة التيسير في المعونات المقدمة لأشد الدول فقرا، حيث حلت المنح محل القروض في كثير من الأحيان.

وقد هبطت بصورة عامة المعونات المقدمة من الدول المانحة غير الأعضاء في منظمة التعاون الاقتصادي والتنميـة. واتسمت المعونات المقدمة من الدول العربية بتقلبات شديدة، فهبطت طوال الثمانينات من مستوياتها العالية للغاية في السبعينات. كما هبطت المعونات المقدمة من الاتحاد السوفيتي السابق والدول المانحة في أوروبا الشرقية منذ عام ١٩٨٦ وتقتصر الآن الى حد كبير على المساعدات الفنية.

وفي الوقت نفسه، زاد عدد الدول الجديدة المعترف بأنها مؤهلة أو يحتمل أن تصبح مؤهلة للحصول على المعونات. وتنقسم هذه الدول الى ثلاث مجموعات: أولا، الدول التي يبدو الآن أنها قادرة على تحمل أعباء القروض

الميسرة فقط (على سبيل المثال، أنجولا ومنغوليا)، ثانيا، الدول التي يحتمل أن تستأنف الحصول على المعونات بعد انتعاشها من فترة أداء اقتصادي سيء واضطرابات مثل الحرب (على سبيل المثال، أفغانستان وكمبوديا وفيتنام)[2]، وثالثا، بعض جمهوريات الاتحاد السوفيتي السابق والدول الاشتراكية السابقة في أوروبا الشرقية.

الشكل 6: أثر التنويع على المخاطر التي تتعرض لها حافظة الأوراق المالية (المخاطر ومعدلات العائد لمزيج من مؤشرات السوق الأمريكية والأسواق الناشئة)

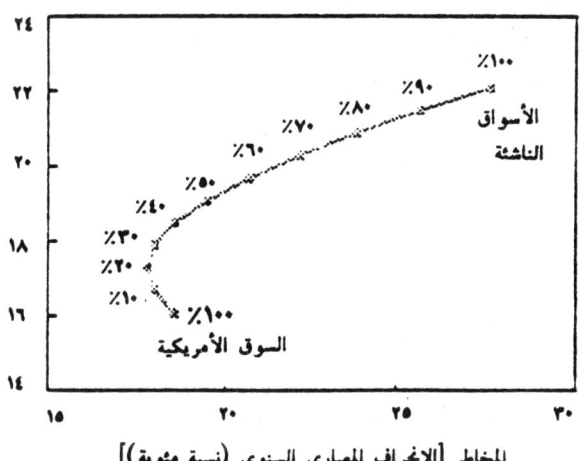

العائد الوسطي السنوي (نسبة مئوية)

[رسم بياني يوضح العلاقة بين المخاطر والعائد للأسواق الناشئة والسوق الأمريكية، مع نسب من 10% إلى 100%]

المخاطر [الانحراف المعياري السنوي (نسبة مئوية)]

ملاحظة: مجموع العوائد الوسطية السنوية للسنوات الخمس (1987-1991). يتألف المؤشر المركب المستند الى الدولار الأمريكي والذي تعده مؤسسة التمويل الدولية (عن الأسواق الناشئة) من 20 سوقا ناشئة من أسواق الأوراق المالية (البورصة). أما السوق الأمريكية فيمثلها "مؤشر الخمسمائة" الذي تعده شركة ستاندرد آند بور لتقييم الأوراق المالية.

المصدر: أسواق الأوراق المالية الناشئة: كتاب الحقائق لعام 1992، اعداد مؤسسة التمويل الدولية، وتقديرات موظفي البنك الدولي.

ويبلغ الحجم التقريبي للطلب على المساعدات الرسمية للتنمية من جانب الدول الجديدة المنخفضة الدخل وذات الدخل المتوسط المنخفض الراغبة في الحصول عليها حوالي 5ر5 بليون دولار أمريكي سنويا، أي ما يعادل 10 في المائة من مدفوعات المساعدات الرسمية للتنمية التي قدمتها لجنة المساعدات الانمائية التابعة لمنظمة التعاون الاقتصادي والتنمية لجميع الدول في عام 1991. ومع ادراج الدول ذات الدخل المتوسط المرتفع، أي جمهوريات الاتحاد السوفيتي السابق ودول أوروبا الشرقية (على سبيل المثال، روسيا والمجر)، وهي دول يقال أنها تحتاج الى مساعدات استثنائية بصورة مؤقتة، سيزيد المبلغ المذكور بحوالي 5ر4 بليون دولار، مما يرفع حجم الطلب الاضافي على المساعدات الى 10 بلايين دولار أمريكي سنويا، أي بنسبة 19 في المائة من المساعدات الرسمية للتنمية التي قدمتها لجنة المساعدات الانمائية التابعة لمنظمة التعاون الاقتصادي والتنمية في عام 1991.

وتتركز المعونات عادة على الفقراء وان لم يكن بالضرورة على أشد الدول فقرا، اذ يوجه ثلثها الى الدول المتوسطة الدخل. وتتفاوت أساليب تخصيص المعونات بشدة بين الدول المانحة للمعونات الثنائية، حيث تخصص السويد

٨١ في المائة من معوناتها للدول المنخفضة الدخل، بينما تخصص الولايات المتحدة وفرنسا أكثر من ٤٠ في المائة من معوناتهما للدول المتوسطة الدخل. ولكن المعونات المتعددة الأطراف أكثر تركزا على أشد الدول فقرا، حيث يوجه حوالي ٩٠ في المائة منها للدول المنخفضة الدخل. وهذا أحد أسباب الترحيب بالاختتام الناجح في الآونة الأخيرة للمفاوضات الخاصة بالعملية العاشرة لاعادة تمويل موارد المؤسسة الدولية للتنمية بمبلغ ١٣ بليون وحدة حقوق سحب خاصة، مما يتيح المحافظة على حجم موارد المؤسسة بالقيمة الحقيقية.

ويعتبر مستوى ربط المعونات بالتوريد من الدول المانحة أحد المقاييس الرئيسية لنوعية تلك المعونات. وعلى الرغم من ظهور اتجاه نحو تخفيض مستوى هذا الربط بالنسبة للمعونات الثنائية المقدمة خلال العقد الماضي، فان مستوى الربط لا يزال عاليا (على نقيض المساهمات التي تقدمها هذه الدول المانحة في اطار المعونات المتعددة الأطراف التي لا تزال تقدم بدون ربط). وقد بلغ المتوسط القطري ٤٤ في المائة بالنسبة للمعونات المربوطة كلية بالتوريد من الدول المانحة و ٧ في المائة بالنسبة للمعونات المربوطة جزئيا والمقدمة من لجنة المساعدات الانمائية التابعة لمنظمة التعاون الاقتصادي والتنمية في عام ١٩٨٩، وذلك مقابل ٤٨ في المائة و ١٢ في المائة على التوالي في فترة السنوات ١٩٧٧-١٩٧٩.

الشكل ٧: صافي التدفقات الحقيقية من المساعدات الرسمية للتنمية الى الدول النامية

(بلايين الدولارات الأمريكية بالقيمة الثابتة للدولار في عام ١٩٩١)

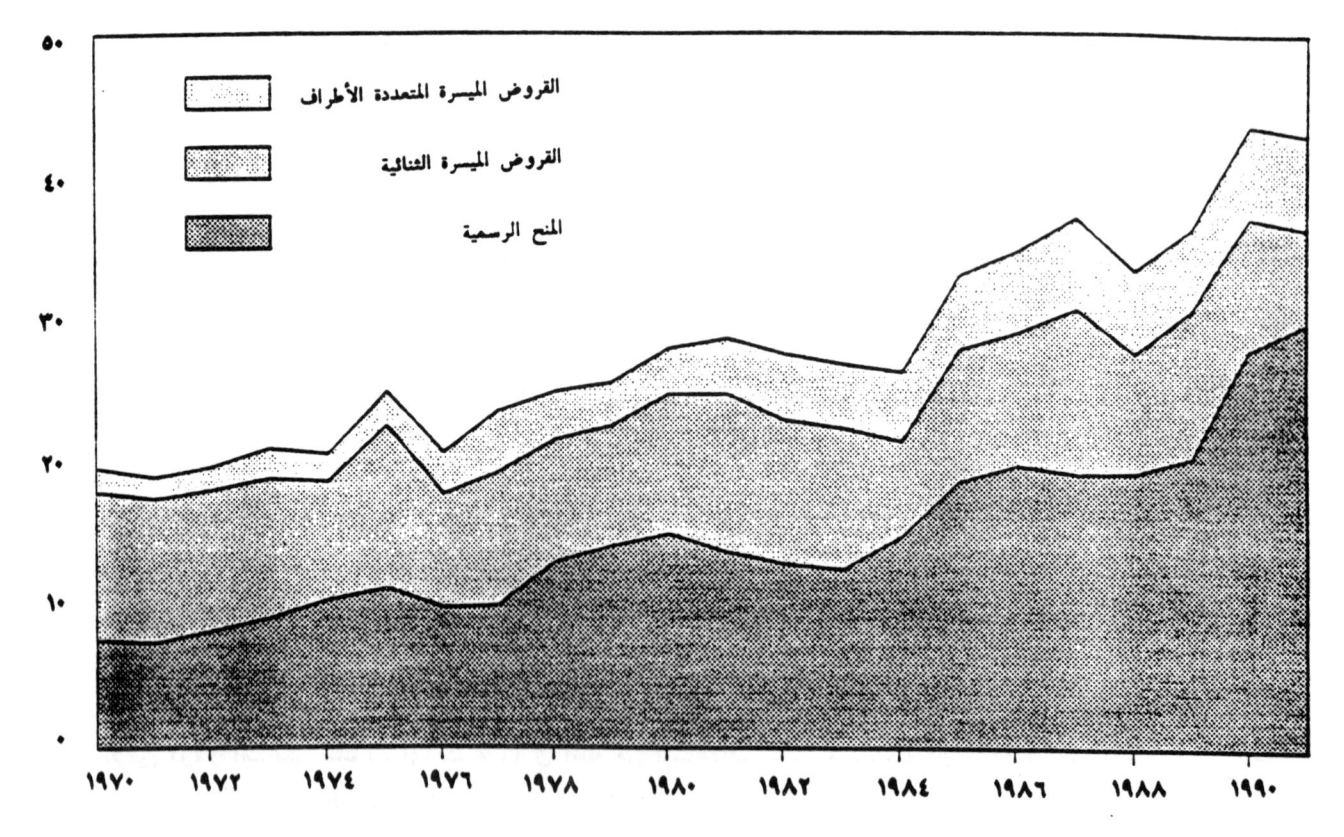

ملاحظة: التدفقات الحقيقية عبارة عن التدفقات الاسمية للدول النامية بعد تكميشها بمؤشر أسعار السلع المستوردة.
المصدر: البنك الدولي ومنظمة التعاون الاقتصادي والتنمية.

ومن الصعب تقدير التكلفة التي تتحملها الدول المتلقية للمعونات نتيجة ربطها بالتوريد من الدول المانحة، ولكن احدى الدراسات (جيما، ١٩٩١) تشير الى أن التكلفة المباشرة قد تتجاوز ١٥ في المائة من قيمة المعونات المقدمة. (تعني التكلفة المباشرة الزيادة في أسعار التوريدات الممولة من المعونات مقارنة بأسعار السلع والخدمات المماثلة التي يتم الحصول عليها عن غير طريق التوريد المربوط بالمعونات). وعلى هذا الأساس، لو لم يجر ربط جميع المعونات بالتوريد من الدول المانحة، فيمكن أن تبلغ قيمة المنافع الاقتصادية العائدة على الدول النامية حوالي ٤ بلايين دولار أمريكي سنويا، وهذا مبلغ يعادل خمس الزيادة الاسمية في تدفقات المعونة خلال العقد الماضي. هذا الى جانب أن التكاليف غير المباشرة كبيرة هي الأخرى.

وينبغي اعادة التفكير في مبررات المعونات المقدمة بعد انتهاء الحرب الباردة، واعادة تشكيلها من حيث كفايتها ونوعيتها. واذا اتفقت الدول المانحة للمعونات على أن هدف تخفيض أعداد الفقراء يستحق، بعد أن انتهت الحرب الباردة، أولوية أعلى من الأولوية الممنوحة له حتى الآن، فسترغب في اعادة النظر في برامج المعونات التي تقدمها في ضوء قضايا مختلفة مثل، كيفية ضمان تركيز المعونات المتوفرة على أشد الدول فقرا والدول التي لا تتاح لها امكانية الحصول على تدفقات رؤوس الأموال الخاصة، ووسائل تخفيض مستوى ربط المعونات بالتوريد من الدول المانحة، وحصة المنح المخصصة للتعاون الفني من المساعدات الرسمية للتنمية.

آفاق النمو في الدول النامية

تتسم الآفاق الاقتصادية العالمية بدرجات نمو متفاوتة، ولكن آفاق النمو في الدول النامية خلال السنوات المتبقية من عقد التسعينات تبدو أكثر اشراقا مما كانت عليه خلال الثمانينات. ويعتبر تحسن هذه الآفاق الى حد كبير ثمرة الاصلاحات الشاملة التي أجرتها دول نامية عديدة في سياساتها الاقتصادية في السنوات الأخيرة.

البيئة الاقتصادية العالمية

تواجه الدول النامية خلال السنوات العشر القادمة بيئة اقتصادية تتسم ببعض المشاكل الكبيرة ولكنها تتيح أيضا بعض الفرص الطيبة (الجدول ١):

○ احتمالات نمو النشاط الاقتصادي في الدول الصناعية ليست ضعيفة على المدى القصير فحسب، وانما تظهر أيضا اتجاها نحو نمو بطيء في الانتاجية، وهو اتجاه ساد منذ عام ١٩٧٣.

○ يحتمل أن تظل أسعار الفائدة الحقيقية (أسعار الفائدة الطويلة الأجل بصورة رئيسية) عالية بسبب هبوط الادخار العام في الدول الصناعية.

○ تواجه التجارة العالمية مستقبلا غير مؤكد، لحين اكتمال جولة أوروغواي للمفاوضات التجارية، ولكن من المحتمل أن تطرأ زيادة على حجم التجارة داخل مناطق العالم.

○ من المتوقع أن تستقر أسعار المنتجات الأولية بالقيمة الحقيقية، مما يمثل تغيرا شديدا في اتجاهها نحو الهبوط الذي ساد لمدة ٢٠ عاما، ويرجع ذلك جزئيا الى مدى تحول الدول النامية عن انتاج المنتجات الأولية.

o   بالنسبة للدول النامية المتمتعة بالأهلية الائتمانية، من المرجح أن تتوفر امدادات كبيرة من الموارد المالية الخارجية من المصادر الخاصة، ولكن الدول التي تفتقر الى امكانية الحصول على موارد من أسواق رأس المال ستعاني من محدودية حصة المعونات المتاحة لها، بل وحتى انكماشها.

آفاق النمو

في اطار هذه الاحتمالات المتباينة للبيئة الاقتصادية العالمية، تبشر آفاق الدول النامية خلال السنوات المتبقية من التسعينات باحتمالات ارتفاع معدلات النمو (الشكل ٨). فمن المتوقع أن يزيد نصيب الفرد من اجمالي الناتج المحلي بالقيمة الحقيقية في الدول النامية بمعدل سنوي يبلغ حوالي ٢ في المائة بعد عام ١٩٩٦، وذلك بعد أن ظل راكدا طوال الثمانينات. ويعتبر هذا الاحتمال الأكثر اشراقا ثمرة الاصلاحات الواسعة النطاق التي أجريت في السياسات الاقتصادية طوال الثمانينات، والتي كانت مؤلمة في أحيان كثيرة.

ففي أعقاب أزمة الديون، تقلصت استثمارات القطاع العام في الدول النامية خلال الثمانينات، مما كانت له آثار مدمّرة على البنية الأساسية. ومع خروج هذه الدول من أزمة الديون، أدى تطبيق سياسات مالية ونقدية متحفظة نسبيا الى تحسين الحوافز المشجعة على الادخار. كما تحسنت حوافز الاستثمار من خلال نقل ملكية أو ادارة مؤسسات القطاع العام الى القطاع الخاص، وتحرير التجارة، وتحقيق مزيد من الاستقرار في الاقتصاد الكلي، خاصة تخفيض معدل التضخم. وقد تحالفت تلك العوامل مع تحسن مطرد في مستويات التعليم وأدت مجتمعة الى ارتفاع معدلات النمو، خاصة في منطقة أمريكا اللاتينية والبحر الكاريبي.

وقد استفادت منطقة شرق آسيا والمحيط الهادىء أكثر من هذه الاتجاهات على المدى الطويل، حيث حققت معدلات نمو عالية وقدرا أكبر من التكامل الاقليمي في مجالي التجارة وتدفق رؤوس الأموال. وتمثل قوة منطقة شرق آسيا عنصرا هاما في التوقعات الايجابية المتعلقة بنمو الدول النامية وتحسن كفاءتها الاقتصادية بصورة عامة. وفي اطار هذه المنطقة، التي تعرف باسم "المنطقة الاقتصادية الصينية" وتضم الصين وهونغ كونغ وتايلاند، تمثل الصين كتلة اقتصادية كبيرة ونامية قادرة على أن تؤثر تأثيرا ايجابيا وكبيرا على اقتصادات الدول الأخرى، وعلى مواصلة النمو على المدى المتوسط في مواجهة أوضاع خارجية متغيرة. ولذلك يرى البعض أن المنطقة الاقتصادية الصينية آخذة في التحول الى "قطب نمو رابع" للاقتصاد العالمي.

فعلى سبيل المثال، لو استمرت الواردات الى المنطقة الاقتصادية الصينية من سائر العالم في النمو بمعدل قريب من معدل نموها خلال السنوات الخمس عشرة الأخيرة (حيث بلغ أرقاما مزدوجة من حيث الحجم)، فان الزيادة المطلقة في حجم هذه الواردات على مدى السنوات الثلاث القادمة ستتجاوز الزيادة المطلقة في حجم واردات اليابان، وبحلول عام ٢٠٠٢ سيتجاوز مستوى هذه الواردات أيضا مستوى واردات اليابان. ولو تم تقييم انتاج السلع والخدمات في هذه المنطقة باستخدام الأسعار الدولية المعيارية (برنامج مقارنة الأسعار الدولية) بدلا من سعر الصرف الرسمي، فان انتاجها سيسبق انتاج ألمانيا واليابان ويقترب من انتاج الولايات المتحدة بحلول عام ٢٠٠٢، وان كان لن يمثل سوى خمس مستوى هذا الانتاج من حيث نصيب الفرد من اجمالي الناتج المحلي.

وتتفاوت الآفاق تفاوتا واسعا حسب مناطق عمل البنك. فمن المتوقع أن تواصل منطقتا شرق آسيا وجنوب آسيا تحقيق معدلات نمو مرتفعة، وان كانت أدنى الى حد ما من المعدلات التي تحققت خلال العقد الماضي. ومن المتوقع أن تواصل منطقة أمريكا اللاتينية والبحر الكاريبي الانتعاش الذي حققته في عام ١٩٩٢. وبالنسبة لمنطقة افريقيا جنوب الصحراء، لا يزال من المتوقع استمرار التحسن في الأداء العام لمعدلات النمو ولكنه لن يحقق سوى زيادة طفيفة في الاستهلاك بنسبة الفرد، وبذلك لن يتحقق الانتعاش من آثار الهبوط الوخيم الذي حدث خلال الثمانينات. وبعد ثلاث

الشكل ٨: احتمالات نمو اجمالي الناتج المحلي للدول النامية في مناطق عمل البنك المختلفة، على أساس التصور الأساسي
(متوسط النسبة المئوية للتغير السنوي)

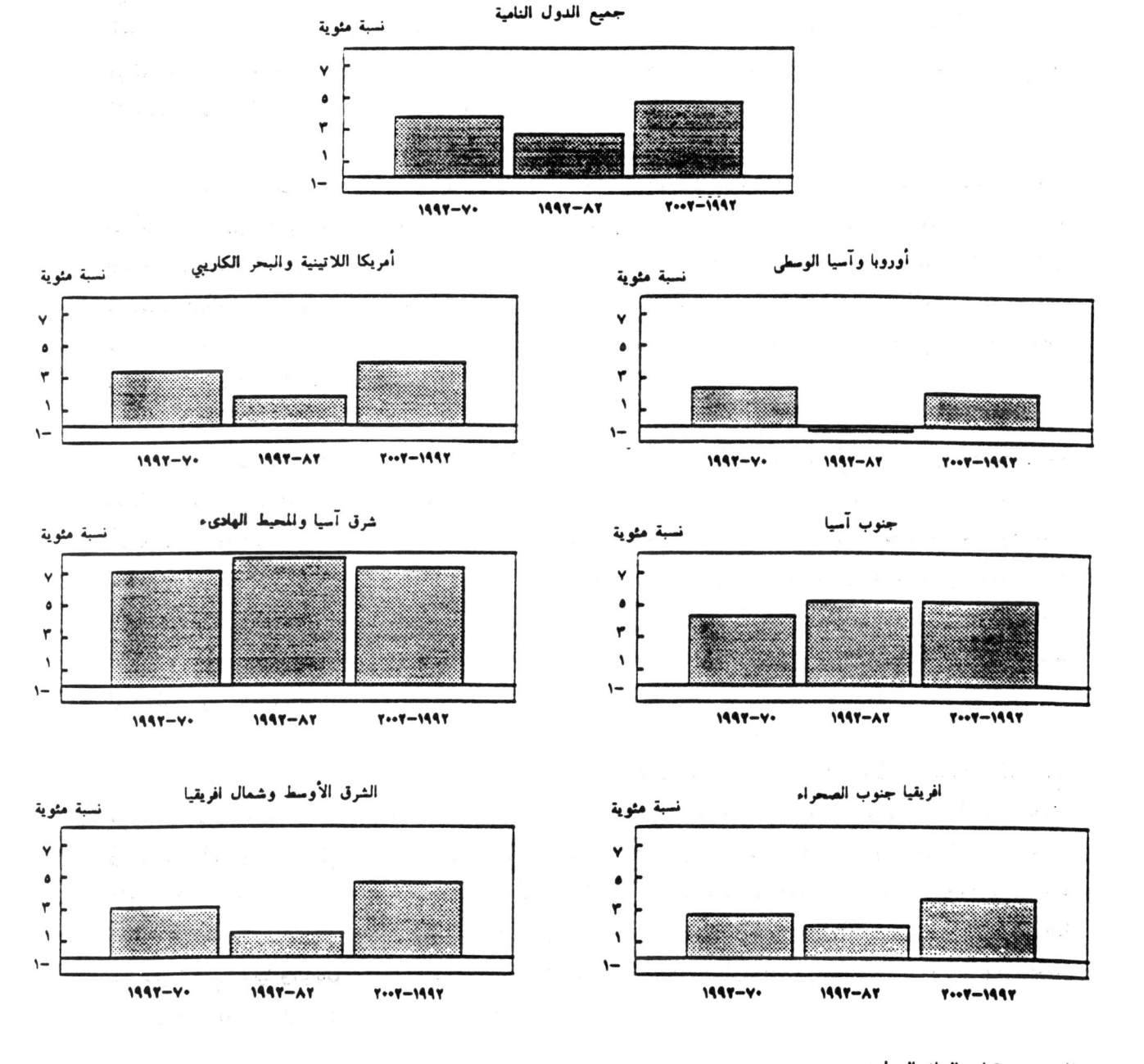

جميع الدول النامية

أمريكا اللاتينية والبحر الكاريبي

أوروبا وآسيا الوسطى

شرق آسيا والمحيط الهادىء

جنوب آسيا

الشرق الأوسط وشمال افريقيا

افريقيا جنوب الصحراء

المصدر: توقعات البنك الدولي.

سنوات من اعادة الهيكلة وهبوط الانتاج، من المتوقع أن تحقق دول أوروبا الشرقية معدل نمو يتراوح في المتوسط بين ٤ في المائة و٥ في المائة على المدى المتوسط. وقد عانى اقتصاد الجمهوريات التي كانت تؤلف الاتحاد السوفيتي السابق انهيارا مماثلا بصورة عامة في اجمالي الناتج المحلي في الفترة ١٩٨٩-١٩٩٢. ومن المتوقع حدوث هبوط كبير آخر في انتاج هذه الجمهوريات في عام ١٩٩٣، ولذلك لا يزال توقيت الانتعاش ومداه أمرين غير مؤكدين الى حد كبير.

وبالتالي، فان التوقعات الخاصة باقتصادات هذه الدول لا تزال غير مؤكدة بصورة خاصة. ومن المتوقع أن تحقق منطقة الشرق الأوسط وشمال افريقيا معدلات نمو تتراوح بين ٤ في المائة و٥ في المائة، مما يمثل أفضل أداء لها منذ السبعينات، ويرجع الفضل في ذلك الى تحسن أسعار البترول بالقيمة الحقيقية اعتبارا من منتصف ذلك العقد. وتستند هذه التوقعات الى مجموعة متنوعة من الافتراضات المتعلقة بالتطورات الاقتصادية المحلية والدولية على حد سواء.

ان احتمال حدوث تطورات غير مؤاتية في الاقتصاد العالمي يجعل من الأهمية بمكان أن تتخذ الدول الصناعية خطوات لمساعدة الدول النامية على مواجهة التحديات التي تضعها البيئة الخارجية أمامها. ومن وسائل تحقيق ذلك تحسين قدرة الدول النامية على الوصول الى أسواق الدول الصناعية وضمان اختتام جولة أوروغواي للمفاوضات التجارية بسرعة. وثمة وسيلة أخرى هي زيادة ادخار القطاع العام (أي تخفيض العجز المالي)، مما يؤدي عادة الى تخفيض أسعار الفائدة الحقيقية. وبالنسبة للاستثمار الأجنبي المباشر، بامكان الدول الصناعية تقديم يد المساعدة من

الجدول ١: المؤشرات الاقتصادية الدولية ذات الأهمية للدول النامية
(متوسط النسبة المئوية للتغير السنوي، ما عدا سعر الفائدة)

المؤشر	٨٢-١٩٩٢	١٩٩٢	١٩٩٣	التصور الأساسي ١٩٩٢-٢٠٠٢	التصور المنخفض ١٩٩٢-٢٠٠٢
اجمالي الناتج المحلي لدول مجموعة السبع	٢٫٧	١٫٦	١٫٩	٢٫٧	٢٫٠
سعر الفائدة الحقيقي في دول مجموعة الثلاث	٤٫٠	١٫٩	١٫٨	٣٫٠	٣٫٥
التجارة العالمية (الحجم)	٣٫٧	٤٫٥	٦٫٥	٥٫٨	٣٫٠
سعر تصدير السلع المصنوعة (بالدولار الأمريكي)	٤٫٢	١٫٥	١٫٣	٢٫٨	٢٫٠
سعر البترول (بالدولار الأمريكي)	-٥٫٥	-٠٫٢	-٣٫٢	٤٫٠	٢٫٠
سعر المنتجات الأولية غير البترول (بالدولار الأمريكي)	-٣٫٠	-٤٫٥	٣٫٣	٤٫٠	١٫٠

ملاحظة: لاشتقاق سعر الفائدة الحقيقي في دول مجموعة الثلاث، تم تجميع أسعار الفائدة الخاصة بالدول المنفردة لمدة ثلاثة أشهر باستخدام معاملات ترجيح اجمالي الناتج المحلي في عام ١٩٨٧.
المصدر: تقديرات موظفي ادارة الاقتصاد القطري، مستندة جزئيا الى مطبوعة
"Consensus Forecasts for Inflation".

لترويج الاستثمار. وبالنسبة لتدفقات الاستثمار في الأسهم والسندات، يجب على السلطات التنظيمية في الدول الصناعية بحث نطاق تخفيف قيود اللوائح التنظيمية دون اغفال معايير الاستثمار الحكيم، وتسهيل وصول الدول النامية الى اسواق الأوراق المالية في الدول الصناعية. وبالنسبة للمعونات، يجب على الدول المانحة أن تضمن تركيز المتاح منها على أشد الدول فقرا وعلى الاحتياجات الاستثنائية للدول الاشتراكية السابقة، كما يجب عليها تخفيض مدى ربط المعونات بالتوريد من الدول المانحة لها.

سيمثل النطاق المتزايد للأنشطة الاقتصادية في الدول النامية في التسعينات تحديات خطيرة لجهود تلك الدول الرامية الى تحسين ادارة البيئة، ذلك أن ما لم يخضع النمو المتسارع لادارة فعالة، فانه يمكن أن يزيد من مخاطر التلوث الصناعي وازالة الغابات واستنفاد موارد المياه. وتتمثل التحديات المرتبطة بالتنمية القابلة للاستمرار في دمج ادراك شحة الموارد البيئية في الحوافز التي تؤثر في السلوك البشري تجاه البيئة، وموازنة اخفاق الأسواق في أداء وظائفها بتطبيق سياسات وايجاد مؤسسات فعالة. وبامكان الدول النامية أن تحقق النمو القابل للاستمرار خلال العقد القادم، اذا طبقت سياسات سليمة وتوفرت لها بيئة مالية واقتصادية دولية مساندة.

الملاحظات

(١)   المجموع محسوب على أساس مجموعة تتألف من ثمان وخمسين دولة نامية توفرت البيانات الخاصة بها، ويمثل ناتجها نسبة ٦٥ في المائة من اجمالي الناتج المحلي لجميع الدول النامية.

(٢)   نشأت أيضا مطالب اضافية استثنائية بسبب الجفاف في افريقيا. فعلى سبيل المثال، حصلت زمبابوي في ديسمبر/كانون الأول ١٩٩٢ على مجموعة مساعدات ميسرة قيمتها ٤,١ بليون دولار أمريكي من الدول المانحة، وتولى البنك الدولي تنسيق هذه المساعدات.

Statistical appendix

Table 1 Exports of goods, 1991 — Statistical Appendix

Merchandise exports, US $ millions; average annual growth rate 1981-1991 (%); Effective market growth (EMG) 1981-1991 (%)

	Exports	Growth	EMG		Exports	Growth	EMG		Exports	Growth	EMG
Low-income				**Lower middle-income**				**Upper middle-income**			
Bangladesh	1,718	7.8	2.6	Algeria	11,790	3.5	2.5	Argentina	11,975	1.9	2.6
Benin	..	..	3.0	Bolivia	849	6.0	1.8	Botswana	..	..	2.7
Bhutan	..	..	..	Bulgaria	..	..	1.6	Brazil	31,610	3.6	2.8
Burkina Faso	..	..	3.8	Cameroon	1,272	3.5	2.8	Gabon	3,183	7.4	2.5
Burundi	92	3.9	2.4	Chile	8,552	5.7	3.1	Greece	8,647	4.4	2.4
Central African Rep.	133	2.1	3.1	Colombia	7,269	14.2	2.3	Hungary	10,180	1.8	2.0
Chad	..	..	3.2	Congo	1,455	5.8	2.3	Korea	71,672	11.8	3.4
China	72,875	11.3	4.6	Costa Rica	1,490	5.3	2.2	Mexico	27,120	2.0	2.4
Egypt, Arab Rep.	3,887	3.0	2.3	Côte d'Ivoire	3,011	4.2	2.7	Oman	635	10.0	5.8
Ethiopia	276	-0.2	2.5	*Czechoslovakia*	16,317	-0.6	1.9	Portugal	16,326	11.2	2.6
Ghana	992	6.3	2.5	Dominican Rep.	658	-3.9	2.3	Saudi Arabia	54,736	-1.9	3.5
Guinea	..	..	2.5	Ecuador	2,957	5.3	2.2	South Africa	24,164	2.0	3.1
Guinea-Bissau	28	4.9	2.5	El Salvador	367	-2.3	2.1	Trinidad & Tobago	1,985	-1.3	2.0
Haiti	103	-4.8	2.1	Guatemala	1,202	-0.1	2.2	Uruguay	1,574	2.9	2.5
Honduras	679	-0.6	2.4	Iran, Islamic Rep.	..	..	3.1	Venezuela	15,127	0.8	2.3
India	17,664	8.0	2.8	Jamaica	1,081	1.7	2.1	*Yugoslavia*	13,953	-1.9	2.0
Indonesia	28,997	5.0	4.4	Jordan	879	5.7	1.3				
Kenya	1,203	3.1	3.0	Malaysia	34,300	11.3	4.7	**High-income**			
Lao PDR	..	..	..	Mauritius	1,193	10.3	2.5	Australia	37,724	4.5	4.1
Lesotho	..	..	2.8	Morocco	4,278	6.3	2.5	Austria	41,082	6.5	2.3
Madagascar	344	0.2	2.8	Panama	333	-0.9	2.3	Belgium	118,222	4.9	2.6
Malawi	470	3.7	2.7	Papua New Guinea	1,361	6.7	3.7	Canada	124,797	5.8	2.5
Mali	354	9.7	3.5	Paraguay	737	11.7	2.1	Denmark	35,687	5.1	2.5
Mauritania	438	4.1	2.5	Peru	3,307	1.7	3.0	Finland	23,081	2.5	2.4
Mozambique	..	..	..	Philippines	8,754	3.8	3.6	France	212,868	3.7	2.6
Nepal	238	8.2	3.1	Poland	14,903	4.6	1.9	Germany	401,848	4.0	2.5
Nicaragua	268	-2.6	2.3	Romania	..	..	2.1	Hong Kong	29,738	4.4	4.6
Niger	385	4.3	2.4	Senegal	977	5.1	2.5	Ireland	24,240	7.2	2.5
Nigeria	12,071	4.0	2.4	Syrian Arab Rep.	..	..	2.0	Israel	11,891	7.0	2.8
Pakistan	6,528	10.5	3.2	Thailand	28,324	14.7	3.6	Italy	169,365	3.1	2.6
Rwanda	..	..	3.5	Tunisia	3,709	6.2	2.3	Japan	314,396	3.5	3.9
Sierra Leone	145	3.7	2.5	Turkey	13,594	4.1	2.1	Netherlands	133,527	4.6	2.5
Sri Lanka	2,629	6.6	2.6					New Zealand	9,269	3.5	3.5
Sudan	329	-2.6	3.7					Norway	34,037	8.0	2.4
Tanzania	394	-3.7	3.5					Singapore	58,872	9.3	4.3
Togo	292	5.9	2.8					Spain	60,135	7.5	2.5
Uganda	200	-3.7	2.6					Sweden	55,043	3.6	2.6
Yemen Rep.	..	..	2.8					Switzerland	61,468	3.3	2.8
Zambia	1,082	2.2	4.2					United Kingdom	185,095	3.0	2.7
Zimbabwe	1,779	2.0	4.1					United States	397,705	5.0	3.3

Merchandise exports as share of GDP, 1991

Annual growth rate of exports, 1981-91

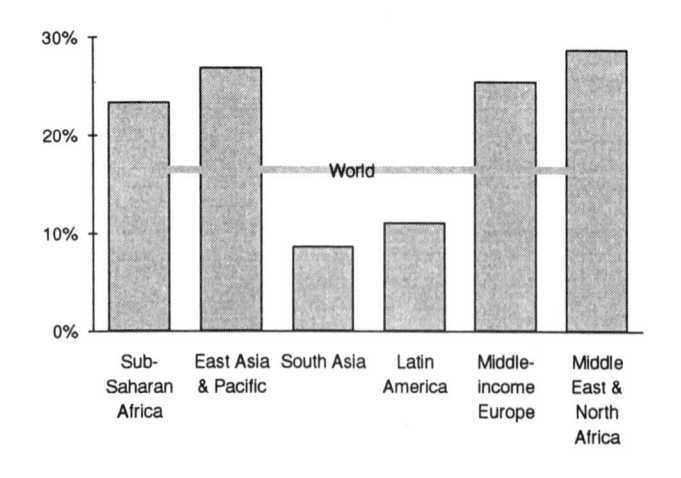

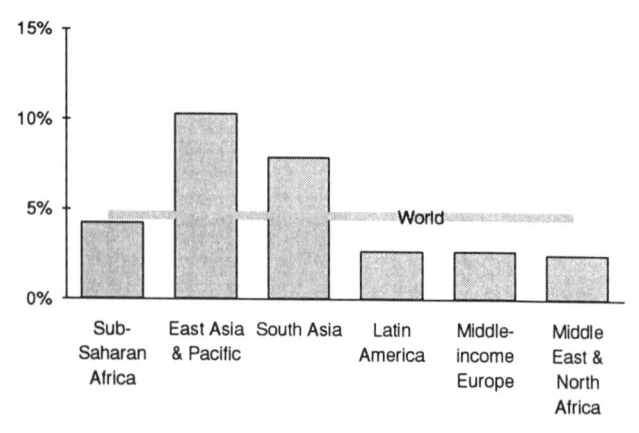

Czechoslovakia refers to the former Czechoslovakia; disaggregated data are not yet available.
Yugoslavia refers to the former Socialist Federal Republic of Yugoslavia; disaggregated data are not yet available.

Table 2 Imports of goods, 1991

Merchandise imports, US $ millions; average annual growth rate 1981-1991 (%); merchandise imports share of GDP (%)

Statistical Appendix

	Imports	Growth	Share		Imports	Growth	Share		Imports	Growth	Share
Low-income				**Lower middle-income**				**Upper middle-income**			
Bangladesh	3,470	4.9	14.8	Algeria	7,683	-6.5	17.9	Argentina	8,100	-3.7	6.3
Benin	398	-1.6	21.1	Bolivia	992	0.6	19.8	Botswana	..	..	..
Bhutan	..	..	..	Bulgaria	..	..	..	Brazil	22,959	2.1	5.5
Burkina Faso	602	4.0	21.9	Cameroon	1,448	-1.1	12.4	Gabon	806	-4.4	16.6
Burundi	254	-0.7	22.0	Chile	7,453	3.7	23.8	Greece	21,552	6.4	31.3
Central African Rep.	196	5.5	15.5	Colombia	4,967	-2.2	11.9	Hungary	11,371	1.0	36.9
Chad	..	..	..	Congo	524	-3.8	18.0	Korea	81,251	11.3	28.7
China	63,791	9.3	17.3	Costa Rica	1,864	5.6	33.5	Mexico	38,184	3.4	13.5
Egypt, Arab Rep.	7,862	-5.4	24.0	Côte d'Ivoire	1,671	-1.2	17.5	Oman	3,113	-2.8	30.4
Ethiopia	1,031	2.8	15.6	*Czechoslovakia*	7,948	-6.8	24.0	Portugal	26,329	11.3	40.4
Ghana	1,418	3.1	22.1	Dominican Rep.	1,729	1.6	24.1	Saudi Arabia	25,540	-10.5	23.5
Guinea	..	..	..	Ecuador	2,328	-1.4	20.1	South Africa	17,503	-4.3	16.3
Guinea-Bissau	78	4.3	37.1	El Salvador	885	-4.6	15.0	Trinidad & Tobago	1,667	-11.0	31.6
Haiti	374	-2.6	14.1	Guatemala	1,850	-0.7	19.8	Uruguay	1,552	2.3	16.4
Honduras	880	-0.6	29.2	Iran, Islamic Rep.	..	..	..	Venezuela	10,181	-7.0	19.1
India	20,418	4.2	8.2	Jamaica	1,843	1.6	47.5	*Yugoslavia*	14,737	-1.1	..
Indonesia	25,869	1.8	22.2	Jordan	2,507	-2.0	60.8				
Kenya	2,034	3.0	24.6	Malaysia	35,183	7.4	74.9	**High-income**			
Lao PDR	..	..	..	Mauritius	1,575	12.9	58.5	Australia	39,460	4.7	13.2
Lesotho	..	..	..	Morocco	6,872	4.2	24.9	Austria	50,697	6.4	30.9
Madagascar	523	2.4	19.6	Panama	1,681	-1.8	30.3	Belgium	121,038	4.2	61.5
Malawi	719	4.2	32.8	Papua New Guinea	1,614	2.2	43.2	Canada	117,633	7.8	20.2
Mali	638	4.9	26.0	Paraguay	1,460	7.0	23.3	Denmark	32,158	4.5	24.7
Mauritania	470	2.7	41.5	Peru	2,813	-6.9	5.8	Finland	21,708	4.7	17.4
Mozambique	..	..	..	Philippines	12,145	3.9	27.0	France	230,258	4.2	19.2
Nepal	740	2.8	22.5	Poland	15,757	3.6	20.2	Germany	387,882	5.4	24.6
Nicaragua	746	-1.5	10.9	Romania	..	..	..	Hong Kong	100,255	11.8	123.1
Niger	431	-1.8	18.9	Senegal	1,407	3.7	24.4	Ireland	20,755	4.2	47.8
Nigeria	6,525	-14.1	20.3	Syrian Arab Rep.	3,002	4.3	17.4	Israel	16,753	5.4	26.7
Pakistan	8,439	2.6	18.7	Thailand	37,408	12.4	40.1	Italy	178,240	5.0	15.5
Rwanda	..	..	..	Tunisia	5,180	1.9	39.4	Japan	234,103	6.2	7.0
Sierra Leone	163	-5.3	20.1	Turkey	21,038	6.9	19.8	Netherlands	125,838	4.4	43.3
Sri Lanka	3,862	2.7	41.9					New Zealand	8,494	2.9	19.8
Sudan	1,433	-4.7	19.6					Norway	25,523	2.5	24.1
Tanzania	1,381	4.1	50.3					Singapore	65,982	7.4	165.0
Togo	548	4.5	33.5					Spain	93,062	10.8	17.7
Uganda	550	3.3	20.5					Sweden	49,760	3.8	21.0
Yemen Rep.	..	..	..					Switzerland	66,285	4.1	28.6
Zambia	1,255	-0.4	32.8					United Kingdom	209,982	5.0	20.8
Zimbabwe	2,110	0.2	33.4					United States	506,242	7.0	9.0

Merchandise imports as share of GDP, 1991

Annual growth rate of imports, 1981-91

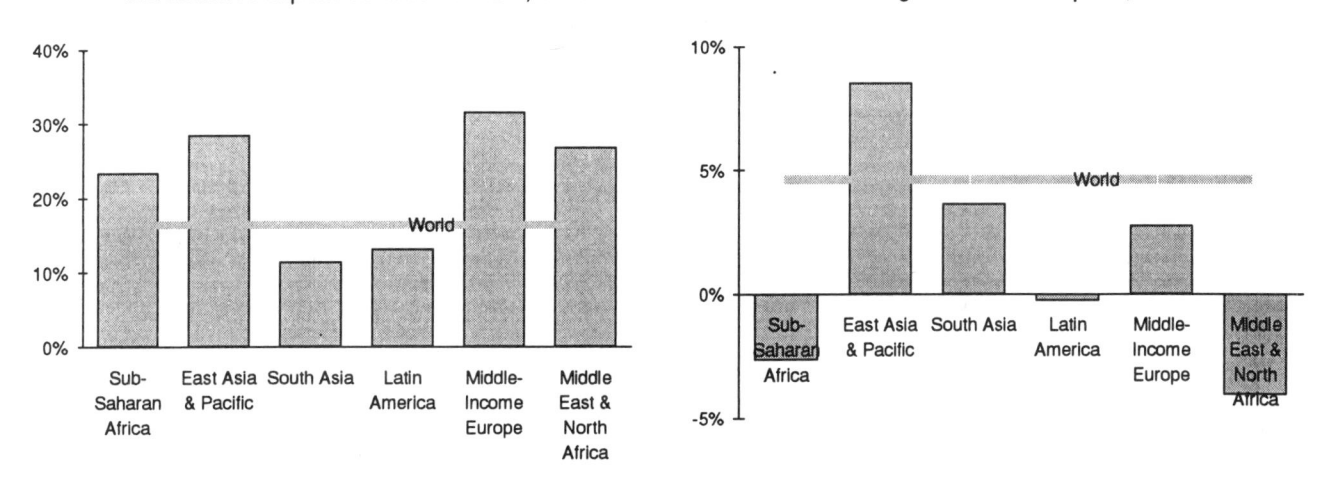

Czechoslovakia refers to the former Czechoslovakia; disaggregated data are not yet available.
Yugoslavia refers to the former Socialist Federal Republic of Yugoslavia; disaggregated data are not yet available.

Table 3   Foreign direct investment, 1991   Statistical Appendix

Net inflows of foreign direct investment (FDI), US$ millions; FDI share of gross domestic investment (GDI) (%)

Low-income	FDI	Share	Lower middle-income	FDI	Share	Upper middle-income	FDI	Share
Bangladesh	1.4	0.1	Algeria	0.3	0.0	Argentina	2,439.0	15.1
Benin	..	..	Bolivia	52.0	7.5	Botswana	38.2	..
Bhutan	..	..	Bulgaria	4.0	0.1	Brazil	1,600.0	2.0
Burkina Faso	..	..	Cameroon	35.0	2.0	Gabon	125.1	10.0
Burundi	0.9	0.4	Chile	576.0	9.8	Greece	1,135.0	9.7
Central African Rep.	-5.3	..	Colombia	457.0	7.2	Hungary	1,462.1	24.4
Chad	..	..	Congo	..	..	Korea	1,116.0	1.0
China	4,366.0	3.3	Costa Rica	141.9	11.1	Mexico	4,762.0	7.4
Egypt, Arab Rep.	253.0	3.8	Côte d'Ivoire	46.1	4.7	Oman	150.0	8.7
Ethiopia	..	..	Czechoslovakia	599.9	5.8	Portugal	2,448.5	..
Ghana	14.8	1.6	Dominican Rep.	145.0	12.0	Saudi Arabia	1,271.0	7.3
Guinea	36.0	2.1	Ecuador	85.0	3.4	South Africa	-7.4	..
Guinea-Bissau	..	..	El Salvador	25.3	3.1	Trinidad & Tobago	169.2	17.7
Haiti	13.6	..	Guatemala	90.7	7.0	Uruguay	..	..
Honduras	44.7	6.2	Iran, Islamic Rep.	..	..	Venezuela	1,914.0	19.2
India	..	..	Jamaica	127.0	11.2	Yugoslavia	..	..
Indonesia	1,482.0	3.6	Jordan	-11.9	..			
Kenya	43.3	2.5	Malaysia	4,072.6	24.2	**High-income**		
Lao PDR	..	..	Mauritius	19.0	2.5	Australia	4,833.4	8.5
Lesotho	7.5	1.2	Morocco	319.9	5.2	Austria	606.7	1.4
Madagascar	13.7	6.3	Panama	-61.5	..	Belgium	..	..
Malawi	..	..	Papua New Guinea	290.0	27.1	Canada	4,533.9	3.9
Mali	3.5	0.6	Paraguay	80.0	5.2	Denmark	1,552.5	7.2
Mauritania	..	..	Peru	-7.0	..	Finland	-232.9	-0.9
Mozambique	22.5	4.0	Philippines	544.0	6.1	France	15,235.3	6.0
Nepal	..	..	Poland	291.0	1.7	Germany	6,590.8	2.0
Nicaragua	..	..	Romania	40.0	0.4	Hong Kong	..	..
Niger	..	..	Senegal	..	..	Ireland	99.5	1.1
Nigeria	712.4	12.8	Syrian Arab Rep.	..	..	Israel	243.7	1.7
Pakistan	257.2	3.0	Thailand	2,014.0	5.6	Italy	2,403.4	1.0
Rwanda	4.6	2.3	Tunisia	150.3	4.9	Japan	1,370.0	0.1
Sierra Leone	..	..	Turkey	810.0	3.9	Netherlands	4,308.3	7.0
Sri Lanka	104.5	5.0				New Zealand	444.5	5.9
Sudan	..	..				Norway	-438.6	..
Tanzania	..	..				Singapore	3,583.7	24.0
Togo	..	..				Spain	10,502.2	7.9
Uganda	1.0	0.3				Sweden	6,347.8	15.6
Yemen Rep.	..	..				Switzerland	2,561.4	4.1
Zambia	..	..				United Kingdom	21,536.6	13.5
Zimbabwe	..	..				United States	11,500.0	1.3

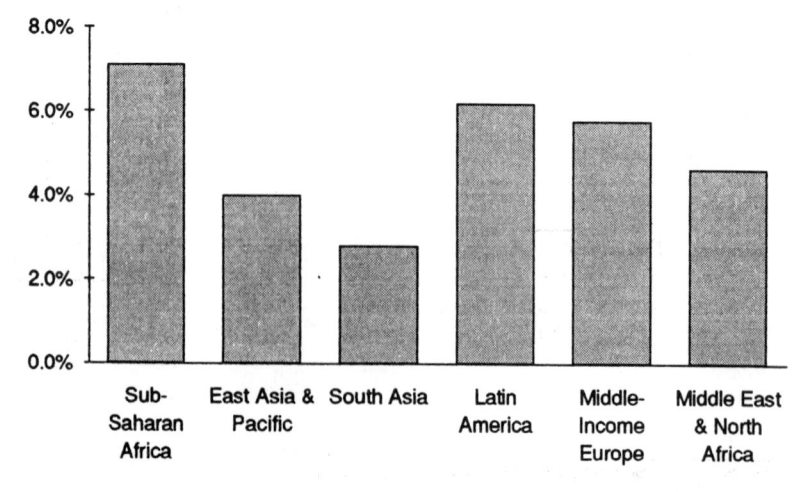

Table 3a International borrowing: bond issuance and bank lending, 1991
(millions of US$)

	Bonds	Total
Argentina	725	725
Brazil	1,212	1,230
China	263	2,595
Czechoslovakia	278	278
Greece	1,894	2,528
Hong Kong	111	1,495
Hungary	1,238	1,378
India	150	240
Indonesia	294	5,527
Korea, Rep.	2,446	6,094
Malaysia	190	412
Mexico	2,130	5,554
Pakistan	0	96
Poland	0	5
Portugal	273	722
South Africa	338	338
Taiwan, China	179	834
Thailand	31	1,842
Turkey	640	2,280
Venezuela	581	581
Zimbabwe	0	170

Ratio of FDI to GDI, 1991

Sub-Saharan Africa	~7.1%
East Asia & Pacific	~4.0%
South Asia	~2.8%
Latin America	~6.1%
Middle-Income Europe	~5.6%
Middle East & North Africa	~4.5%

Czechoslovakia refers to the former Czechoslovakia; disaggregated data are not yet available.

Yugoslavia refers to the former Socialist Federal Republic of Yugoslavia; disaggregated data are not yet available.

Table 4 — External financing ratios, 1991

Present value of debt service (PV) as a share of GNP (%); present value of debt service as a share of exports of goods and services (XGS) (%)

Statistical Appendix

	PV/GNP	PV/XGS
Low-income		
Bangladesh	26.9	294.1
Benin	37.9	168.4
Bhutan	19.7	55.7
Burkina Faso	21.4	165.3
Burundi	38.1	361.8
Central African Rep.	40.4	373.9
Chad	24.0	120.5
China	13.3	80.9
Egypt, Arab Rep.	65.5	199.5
Ethiopia	38.2	437.4
Ghana	43.6	245.7
Guinea	68.7	247.3
Guinea-Bissau	247.6	..
Haiti	17.1	165.5
Honduras	86.7	277.1
India	20.0	260.2
Indonesia	61.2	206.8
Kenya	63.7	246.0
Lao PDR	31.9	266.7
Lesotho	22.7	40.7
Madagascar	103.0	542.8
Malawi	41.9	158.6
Mali	61.2	332.1
Mauritania	172.6	353.1
Mozambique	320.5	1,064.1
Nepal	23.9	173.0
Nicaragua	537.6	2,680.7
Niger	45.8	316.0
Nigeria	105.1	251.0
Pakistan	37.2	228.0
Rwanda	21.7	294.2
Sierra Leone	121.1	..
Sri Lanka	46.0	149.6
Sudan	..	3,622.9
Tanzania	188.5	902.6
Togo	58.3	128.1
Uganda	60.7	903.5
Yemen Rep.	..	..
Zambia	..	537.5
Zimbabwe	45.9	145.3

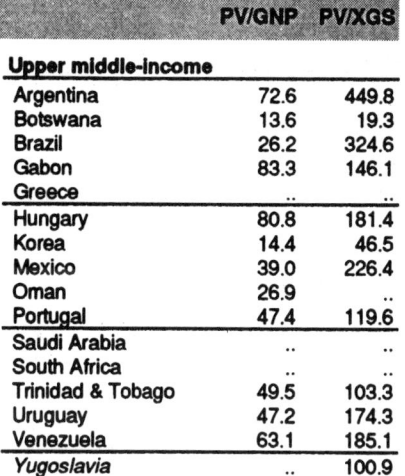

	PV/GNP	PV/XGS
Lower middle-income		
Algeria	55.3	215.3
Bolivia	64.5	328.1
Bulgaria	71.0	231.1
Cameroon	55.2	225.6
Chile	61.8	153.3
Colombia	42.3	183.7
Congo	155.7	332.7
Costa Rica	65.5	163.0
Côte d'Ivoire	206.3	525.6
Czechoslovakia	25.1	68.4
Dominican Rep.	61.4	207.3
Ecuador	113.0	353.8
El Salvador	28.4	174.7
Guatemala	27.7	139.8
Iran, Islamic Rep.	9.2	57.4
Jamaica	114.3	181.2
Jordan	206.1	304.1
Malaysia	45.7	52.4
Mauritius	32.9	46.4
Morocco	73.8	312.2
Panama	127.1	104.5
Papua New Guinea	75.5	150.5
Paraguay	35.5	114.1
Peru	54.8	447.7
Philippines	66.9	213.3
Poland	77.9	285.9
Romania	6.0	39.2
Senegal	44.1	163.9
Syrian Arab Rep.	83.2	..
Thailand	38.1	90.3
Tunisia	60.6	136.5
Turkey	47.0	208.5

	PV/GNP	PV/XGS
Upper middle-income		
Argentina	72.6	449.8
Botswana	13.6	19.3
Brazil	26.2	324.6
Gabon	83.3	146.1
Greece	..	..
Hungary	80.8	181.4
Korea	14.4	46.5
Mexico	39.0	226.4
Oman	26.9	..
Portugal	47.4	119.6
Saudi Arabia	..	..
South Africa	..	..
Trinidad & Tobago	49.5	103.3
Uruguay	47.2	174.3
Venezuela	63.1	185.1
Yugoslavia	..	100.9

Present value of debt, 1991

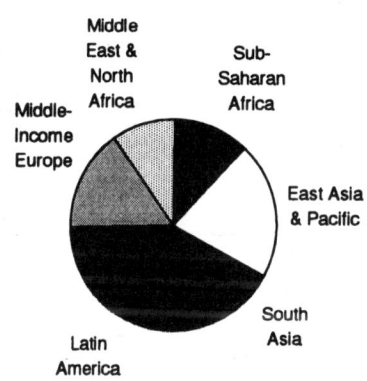

Ratio of present value of debt to GNP, 1991

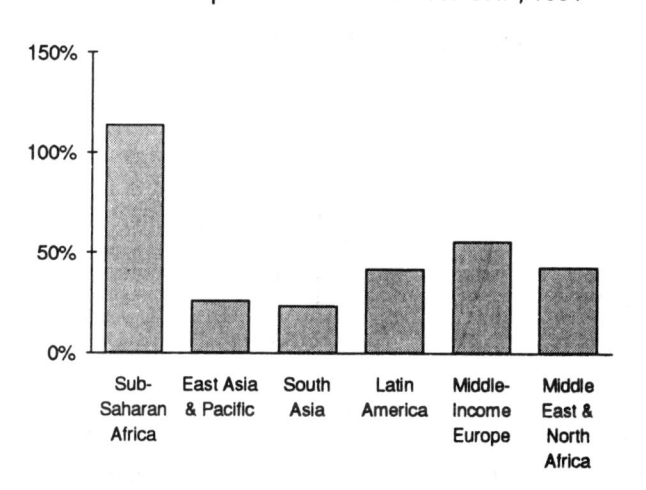

Ratio of present value of debt to exports of goods and services, 1991

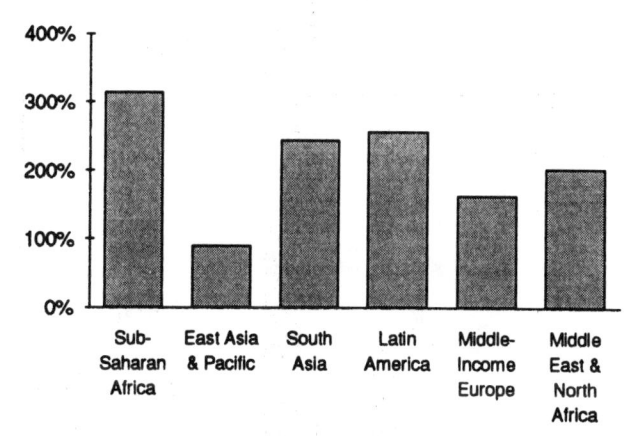

Czechoslovakia refers to the former Czechoslovakia; disaggregated data are not yet available.

Yugoslavia refers to the former Socialist Federal Republic of Yugoslavia; disaggregated data are not yet available.

Table 5 — Structure of long-term debt, 1991

Share of long-term debt (%): concessional debt; nonconcessional debt at variable interest rates; nonconcessional debt at fixed interest rates

Statistical Appendix

Low-Income	Concessional	Variable	Fixed	Lower middle-income	Concessional	Variable	Fixed	Upper middle-income	Concessional	Variable	Fixed
Bangladesh	98.2	0.0	1.8	Algeria	3.7	41.6	54.7	Argentina	1.2	58.3	40.5
Benin	83.3	2.1	14.6	Bolivia	46.7	24.2	29.1	Botswana	40.8	14.5	44.7
Bhutan	81.0	0.0	19.0	Bulgaria	0.0	73.0	27.0	Brazil	3.1	71.8	25.1
Burkina Faso	85.1	0.0	14.9	Cameroon	28.6	18.6	52.8	Gabon	28.1	10.2	61.7
Burundi	94.3	0.0	5.7	Chile	2.5	76.6	20.9	Greece	..	..	..
Central African Rep.	86.0	0.1	13.9	Colombia	6.3	50.7	43.1	Hungary	0.4	56.4	43.2
Chad	88.8	0.0	11.2	Congo	43.3	27.3	29.4	Korea	16.0	41.8	42.2
China	21.2	33.1	45.7	Costa Rica	25.4	32.1	42.5	Mexico	1.3	45.9	52.9
Egypt, Arab Rep.	41.3	11.5	47.2	Côte d'Ivoire	15.6	65.7	18.7	Oman	12.3	59.7	28.1
Ethiopia	85.8	2.9	11.3	*Czechoslovakia*	0.0	33.3	66.7	Portugal	4.7	27.0	68.4
Ghana	80.1	2.6	17.4	Dominican Rep.	34.8	31.5	33.7	Saudi Arabia	..	..	..
Guinea	76.9	7.2	16.0	Ecuador	10.0	61.0	29.0	South Africa	..	..	..
Guinea-Bissau	77.3	0.2	22.5	El Salvador	62.3	14.1	23.6	Trinidad & Tobago	3.1	51.7	45.2
Haiti	92.1	0.6	7.3	Guatemala	30.8	16.8	52.4	Uruguay	2.3	60.1	37.6
Honduras	40.2	21.7	38.1	Iran, Islamic Rep.	3.3	84.7	12.0	Venezuela	0.3	62.7	37.1
India	46.3	21.0	32.7	Jamaica	32.3	25.7	42.1	*Yugoslavia*	4.5	75.1	20.4
Indonesia	34.8	43.1	22.2	Jordan	39.0	28.2	32.8				
Kenya	49.3	20.2	30.4	Malaysia	13.8	52.2	34.0				
Lao PDR	99.5	0.0	0.5	Mauritius	40.6	32.8	26.6				
Lesotho	81.2	0.0	18.8	Morocco	27.0	52.5	20.5				
Madagascar	63.3	6.1	30.6	Panama	11.6	61.3	27.1				
Malawi	84.2	3.4	12.5	Papua New Guinea	27.4	52.7	20.0				
Mali	97.2	0.3	2.5	Paraguay	37.1	16.8	46.1				
Mauritania	81.9	5.6	12.5	Peru	15.5	27.8	56.6				
Mozambique	69.2	3.7	27.1	Philippines	31.9	41.7	26.4				
Nepal	93.8	0.0	6.2	Poland	3.5	67.7	28.8				
Nicaragua	34.5	25.9	39.6	Romania	5.7	5.0	89.3				
Niger	54.9	16.5	28.6	Senegal	67.0	4.4	28.6				
Nigeria	3.2	31.8	65.0	Syrian Arab Rep.	88.2	0.0	11.8				
Pakistan	71.0	14.4	14.6	Thailand	20.2	56.6	23.2				
Rwanda	99.5	0.0	0.5	Tunisia	39.8	23.4	36.8				
Sierra Leone	62.4	1.1	36.6	Turkey	19.1	35.5	45.4				
Sri Lanka	83.4	5.6	11.0								
Sudan	47.5	19.6	32.9								
Tanzania	66.9	5.5	27.6								
Togo	68.2	3.3	28.5								
Uganda	71.5	1.3	27.2								
Yemen Rep.	91.8	1.5	6.7								
Zambia	52.7	12.0	35.2								
Zimbabwe	34.7	26.8	38.4								

Long-term debt outstanding and disbursed, 1991 (pie chart: SILIC, MILIC, SIMIC, MIMC, Other)

SILIC -- Severely indebted low-income
SIMIC -- Severely indebted middle-income
MILIC -- Moderately indebted low-income
MIMC -- Moderately indebted middle-income

Structure of long-term debt, 1991 (bar chart by region: Sub-Saharan Africa, East Asia & Pacific, South Asia, Latin America, Middle-Income Europe, Middle East & North Africa; showing Concessional, Variable rate, Fixed rate shares)

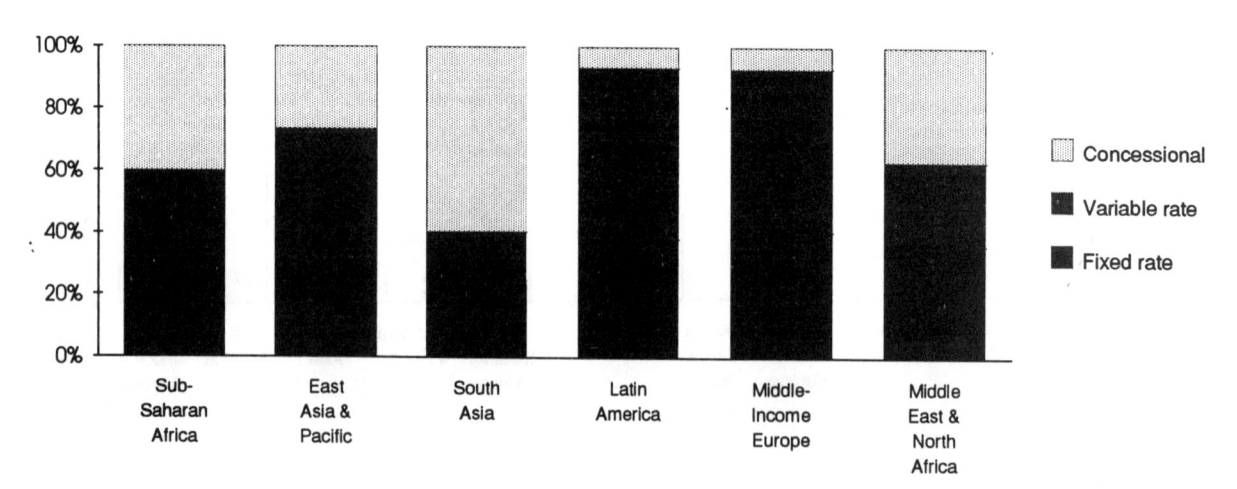

Czechoslovakia refers to the former Czechoslovakia; disaggregated data are not yet available.
Yugoslavia refers to the former Socialist Federal Republic of Yugoslavia; disaggregated data are not yet available.

Table 6 Concessional aid flows, 1991

Concessional flows per capita ($); grant share of concessional flows (%)

Low-income	Conc/Pop	Grant/Conc	Lower middle-income	Conc/Pop	Grant/Conc	Upper middle-income	Conc/Pop	Grant/Conc
Bangladesh	17.5	55.2	Algeria	12.1	25.3	Argentina	1.2	100.0
Benin	49.2	61.0	Bolivia	104.0	78.9	Botswana	76.2	62.6
Bhutan	25.3	73.7	Bulgaria	..	..	Brazil	0.4	69.7
Burkina Faso	36.1	59.5	Cameroon	31.8	71.0	Gabon	34.2	85.4
Burundi	37.0	59.7	Chile	7.3	99.0	Greece	..	..
Central African Rep.	55.5	35.5	Colombia	1.9	82.3	Hungary	0.1	..
Chad	34.8	52.5	Congo	30.0	55.1	Korea	6.2	2.2
China	0.9	25.0	Costa Rica	49.7	53.9	Mexico	1.9	40.0
Egypt, Arab Rep.	78.9	79.4	Côte d'Ivoire	26.3	81.0	Oman	41.3	4.5
Ethiopia	11.2	78.0	Czechoslovakia	..	..	Portugal	55.5	2.7
Ghana	62.4	60.9	Dominican Rep.	9.9	56.3	Saudi Arabia	..	..
Guinea	61.5	38.0	Ecuador	16.8	30.9	South Africa	..	..
Guinea-Bissau	89.0	67.4	El Salvador	35.1	61.3	Trinidad & Tobago	3.1	100.0
Haiti	26.7	80.7	Guatemala	8.3	64.6	Uruguay	5.5	58.8
Honduras	115.3	77.7	Iran, Islamic Rep.	1.6	75.3	Venezuela	0.3	100.0
India	3.6	18.2	Jamaica	164.6	62.8	Yugoslavia	2.6	96.8
Indonesia	13.4	12.4	Jordan	253.8	43.3			
Kenya	45.2	73.9	Malaysia	20.8	15.1			
Lao PDR	24.2	51.9	Mauritius	61.8	23.5			
Lesotho	47.2	56.5	Morocco	35.5	60.6			
Madagascar	45.2	64.9	Panama	35.6	100.0			
Malawi	43.8	56.9	Papua New Guinea	92.5	75.7			
Mali	34.8	69.0	Paraguay	25.9	19.3			
Mauritania	77.0	63.0	Peru	27.2	33.1			
Mozambique	53.4	87.4	Philippines	20.9	30.5			
Nepal	16.3	50.6	Poland	0.7	..			
Nicaragua	224.7	85.5	Romania	..	..			
Niger	35.3	89.2	Senegal	84.7	82.6			
Nigeria	2.0	72.7	Syrian Arab Rep.	45.4	19.2			
Pakistan	9.6	38.5	Thailand	10.8	35.7			
Rwanda	39.6	64.4	Tunisia	51.7	33.7			
Sierra Leone	19.0	41.3	Turkey	29.1	68.9			
Sri Lanka	46.5	25.0						
Sudan	21.1	76.3						
Tanzania	37.3	73.3						
Togo	41.6	58.2						
Uganda	25.1	59.5						
Yemen Rep.	19.0	35.8						
Zambia	117.1	71.7						
Zimbabwe	32.3	70.9						

Official grants, 1991

Concessional flows per capita, 1991

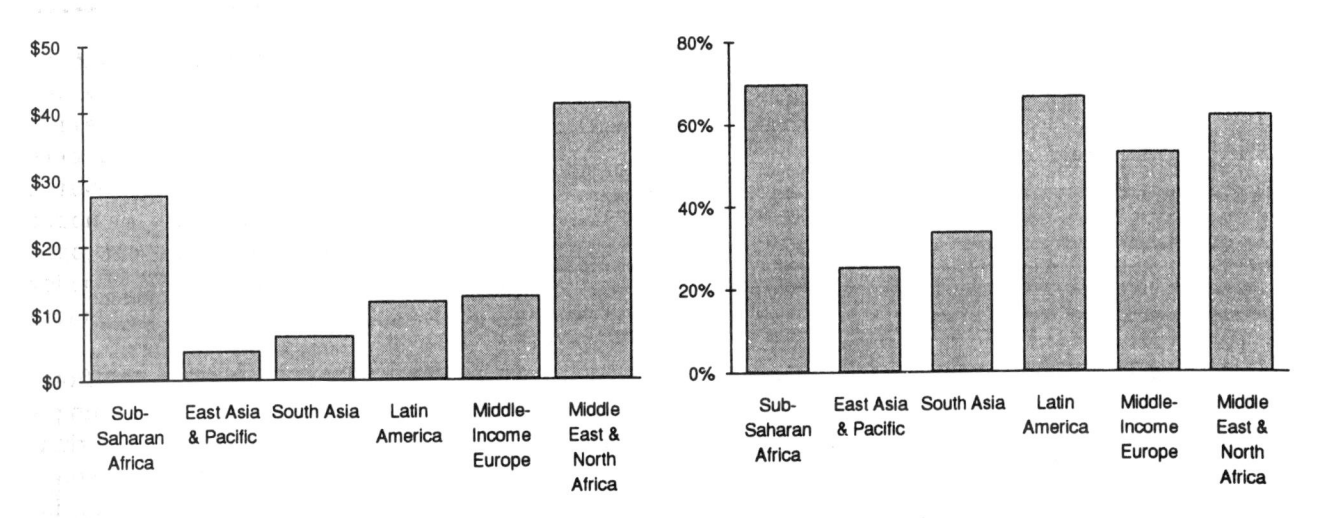

Grant share of concessional flows, 1991

Czechoslovakia refers to the former Czechoslovakia; disaggregated data are not yet available.
Yugoslavia refers to the former Socialist Federal Republic of Yugoslavia; disaggregated data are not yet available.

Table 7 Interest and exchange rate impacts, 1991
Statistical Appendix
Ratio of interest rate impacts to exports of goods and services (%); ratio of exchange rate impacts to exports of goods and services (%)

Low-income	Exchange	Interest	Lower middle-income	Exchange	Interest	Upper middle-income	Exchange	Interest
Bangladesh	8.4	0.0	Algeria	1.3	4.5	Argentina	0.6	7.3
Benin	-1.2	0.0	Bolivia	1.5	1.0	Botswana	-0.1	0.0
Bhutan	0.0	0.0	Bulgaria	0.3	3.1	Brazil	0.3	7.7
Burkina Faso	-0.6	0.0	Cameroon	-1.4	0.0	Gabon	-0.9	0.1
Burundi	0.0	0.0	Chile	0.4	11.6	Greece	..	..
Central African Rep.	-1.5	0.0	Colombia	-0.3	3.2	Hungary	1.9	4.3
Chad	-0.8	0.0	Congo	-2.7	0.2	Korea	0.4	0.1
China	1.5	0.4	Costa Rica	-0.2	1.1	Mexico	0.7	3.4
Egypt, Arab Rep.	-0.4	0.7	Côte d'Ivoire	-1.9	0.1	Oman	..	..
Ethiopia	-0.7	0.4	*Czechoslovakia*	-0.1	0.5	Portugal	0.3	1.0
Ghana	0.4	0.1	Dominican Rep.	0.5	0.1	Saudi Arabia	..	..
Guinea	-1.6	0.0	Ecuador	1.1	3.7	South Africa	..	..
Guinea-Bissau	..	..	El Salvador	-0.1	0.8	Trinidad & Tobago	2.1	2.2
Haiti	-0.4	0.0	Guatemala	-0.2	0.0	Uruguay	0.2	2.5
Honduras	0.2	1.7	Iran, Islamic Rep.	0.0	0.0	Venezuela	-0.1	3.2
India	1.2	0.6	Jamaica	-0.1	0.9	*Yugoslavia*	-0.7	2.6
Indonesia	3.8	0.5	Jordan	0.1	1.3			
Kenya	-1.1	0.2	Malaysia	0.7	0.3			
Lao PDR	1.8	0.0	Mauritius	-0.5	0.4			
Lesotho	-0.2	0.0	Morocco	0.1	6.7			
Madagascar	1.4	1.0	Panama	0.2	0.0			
Malawi	0.0	0.4	Papua New Guinea	1.3	0.2			
Mali	-3.6	0.0	Paraguay	0.5	0.0			
Mauritania	-1.4	0.0	Peru	-0.2	0.2			
Mozambique	-11.5	0.0	Philippines	3.5	1.0			
Nepal	1.9	0.0	Poland	-1.6	1.1			
Nicaragua	-12.6	4.9	Romania	0.0	0.0			
Niger	-1.5	0.0	Senegal	-0.9	0.2			
Nigeria	-0.5	3.1	Syrian Arab Rep.	..	..			
Pakistan	2.2	0.3	Thailand	0.9	0.1			
Rwanda	0.0	0.0	Tunisia	0.5	0.4			
Sierra Leone	..	..	Turkey	0.4	1.4			
Sri Lanka	2.3	0.0						
Sudan	-21.9	0.0						
Tanzania	-7.9	0.0						
Togo	-0.8	0.0						
Uganda	-6.6	0.5						
Yemen Rep.	..	..						
Zambia	-4.0	0.3						
Zimbabwe	-1.1	0.6						

Total debt service, 1991

Exchange rate impacts, 1991

Interest rate impacts, 1991

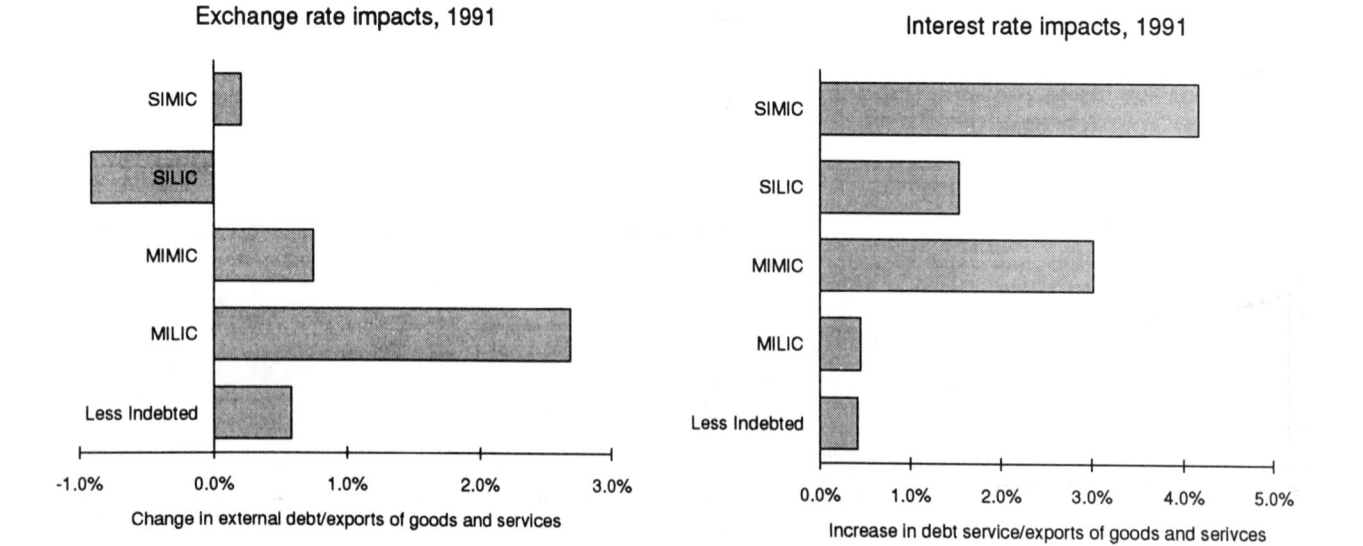

Czechoslovakia refers to the former Czechoslovakia; disaggregated data are not yet available.
Yugoslavia refers to the former Socialist Federal Republic of Yugoslavia; disaggregated data are not yet available.

Table 8   Terms of trade, 1991

Barter terms of trade index, 1987=100; ratio of terms of trade effect to GNY in constant 1987 prices (%)

Statistical Appendix

	Index	Ratio		Index	Ratio		Index	Ratio
Low-income			**Lower middle-income**			**Upper middle-income**		
Bangladesh	105	0.4	Algeria	95	-0.7	Argentina	113	1.5
Benin	..	..	Bolivia	73	-5.6	Botswana	..	..
Bhutan	..	..	Bulgaria	88	..	Brazil	119	1.6
Burkina Faso	..	..	Cameroon	..	..	Gabon	79	-19.8
Burundi	65	-3.0	Chile	122	5.7	Greece	107	0.9
Central African Rep.	111	1.1	Colombia	84	-3.3	Hungary	102	0.9
Chad	..	..	Congo	99	-0.7	Korea	108	2.6
China	111	1.7	Costa Rica	109	2.7	Mexico	100	0.0
Egypt, Arab Rep.	93	-0.6	Côte d'Ivoire	79	-9.4	Oman	72	..
Ethiopia	71	..	*Czechoslovakia*	..	..	Portugal	112	..
Ghana	72	-5.8	Dominican Rep.	112	1.0	Saudi Arabia	79	..
Guinea	73	..	Ecuador	90	-2.6	South Africa	86	-4.0
Guinea-Bissau	69	-11.4	El Salvador	103	0.2	Trinidad & Tobago	97	-1.3
Haiti	77	-0.7	Guatemala	103	0.3	Uruguay	105	1.0
Honduras	113	1.4	Iran, Islamic Rep.	..	..	Venezuela	101	0.3
India	100	0.0	Jamaica	91	-3.3	*Yugoslavia*	107	*3.5*
Indonesia	101	0.4	Jordan	116	2.0			
Kenya	103	0.3	Malaysia	93	-4.8			
Lao PDR	..	..	Mauritius	115	6.0			
Lesotho	78	..	Morocco	98	-0.3			
Madagascar	93	-1.2	Panama	..	..			
Malawi	115	3.3	Papua New Guinea	80	-10.7			
Mali	86	-2.4	Paraguay	..	..			
Mauritania	121	7.0	Peru	59	-6.1			
Mozambique	..	..	Philippines	91	-1.9			
Nepal	85	..	Poland	104	1.1			
Nicaragua	99	-0.1	Romania	66	..			
Niger	81	-3.7	Senegal	103	0.5			
Nigeria	81	-7.1	Syrian Arab Rep.	..	..			
Pakistan	80	-2.9	Thailand	91	-3.2			
Rwanda	85	..	Tunisia	95	-1.4			
Sierra Leone	70	-10.5	Turkey	108	0.9			
Sri Lanka	87	-3.8						
Sudan	84	-0.3						
Tanzania	105	..						
Togo	116	2.5						
Uganda	88	-0.5						
Yemen Rep.	82	..						
Zambia	67	*-26.9*						
Zimbabwe	85	..						

Terms of trade effect
as percentage of GNY, 1981-1991
1987 = 0
(Note differences in scale.)

Sub-Saharan Africa

Middle-Income Europe

East Asia and Pacific

Latin America

South Asia

Middle East and North Africa

Czechoslovakia refers to the former Czechoslovakia; disaggregated data are not yet available.
Yugoslavia refers to the former Socialist Federal Republic of Yugoslavia; disaggregated data are not yet available.

Table 9   MUV, LIBOR, and commodity prices   Statistical Appendix

		1981	1982	1983	1984	1985	1986	1987	1988	1989	1990	1991
G-5 unit value index of manufactures 1/		72	71	70	68	69	81	89	95	95	100	102
LIBOR 2/		17	14	10	11	9	7	7	8	9	8	6
Commodity price indexes 3/	weights											
Petroleum		161	146	132	129	125	63	81	64	77	100	81
33 commodities excl. energy		106	95	100	101	90	91	91	109	107	100	96
Agriculture	67.7%	122	107	115	119	104	107	98	112	106	100	98
Food	53.2%	125	110	117	124	109	116	98	115	109	100	97
Nonfood	14.4%	112	98	111	103	87	79	98	99	99	100	99
Timber	5.2%	74	74	69	80	65	72	105	111	107	100	105
Metals and minerals	27.1%	86	80	81	75	72	67	76	104	108	100	91
Commodity prices	units											
Agriculture												
Cocoa	cents/kg	208	174	212	240	225	207	199	159	124	127	120
Coffee	cents/kg	287	309	291	319	323	429	251	303	239	197	187
Tea	cents/kg	202	193	233	346	198	193	171	179	202	203	184
Sugar	cents/kg	37	19	19	11	9	13	15	22	28	28	20
Banana	$/mt	401	374	429	370	380	382	365	478	547	541	560
Rice	$/mt	483	293	277	252	216	211	230	301	320	287	314
Palm oil	$/mt	571	445	501	729	501	257	343	437	350	290	339
Soybean oil	$/mt	507	447	527	724	572	342	334	463	432	447	454
Cotton	cents/kg	185	160	185	179	132	106	165	140	167	182	168
Rubber	cents/kg	125	100	124	110	92	95	112	129	112	102	101
Other												
Logs	$/cm	156	156	145	167	136	151	221	234	225	210	222
Sawnwood	$/cm	314	302	304	307	276	266	276	307	422	524	472
Urea	$/mt	216	159	135	171	136	107	117	155	132	157	172
Metals and minerals												
Copper	$/mt	1,742	1,480	1,592	1,377	1,417	1,374	1,783	2,602	2,848	2,662	2,339
Aluminum	$/mt	1,263	992	1,439	1,251	1,041	1,150	1,565	2,551	1,951	1,639	1,302
Phosphate rock	$/mt	50	42	37	38	34	34	31	36	41	41	43
Steel products index (1990 =100)		82	70	66	70	60	61	72	94	105	100	98
Energy												
Crude petroleum	$/bbl	34	31	28	28	27	14	17	14	16	21	17
Coal	$/mt	57	52	45	49	47	44	36	37	41	42	42

Primary commodity price indexes (1990 = 100)

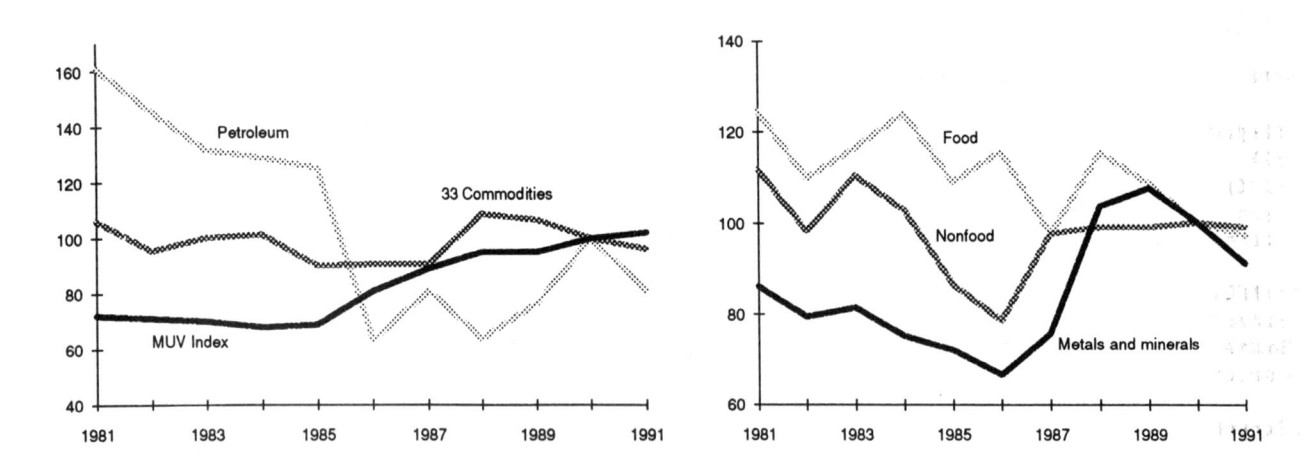

Notes

1/ Unit Value Index (MUV index) in US dollar terms (1990=100) of manufactures exported from the G-5 countries (France, Germany, Japan, UK, and US), weighted by the countries' exports to developing countries.

2/ London interbank offered rate on six-month US dollar deposits.

3/ Indexes are in current US dollar terms (1990=100); 33 commodity price index is weighted by developing country export values.

Table 10 — Direction of merchandise trade, 1991

Percentage of world trade

Statistical Appendix

From: \ To:	USA	EC(10)	Japan	Other HIC	All HIC	East Asia	South Asia	Europe	MENA	SSA	LAC	All LMICs	All
All high-income	10.9	29.2	3.9	15.9	59.9	6.9	0.8	4.2	2.7	1.4	3.5	19.5	79.4
USA	..	2.3	1.4	4.1	7.7	1.5	0.1	0.3	0.4	0.1	1.8	4.2	11.9
EC(10)	3.0	21.4	0.9	6.5	31.9	1.3	0.3	3.1	1.7	0.9	1.0	8.3	40.2
Japan	2.8	1.1	..	2.2	6.1	2.3	0.1	0.2	0.3	0.1	0.3	3.3	9.4
Other high-income	5.1	4.4	1.5	3.1	14.1	1.9	0.2	0.7	0.4	0.2	0.4	3.8	17.9
All LMICs 1/	3.7	5.2	2.5	3.7	15.1	1.5	0.4	1.5	0.7	0.4	1.0	5.5	20.6
East Asia & Pacific	1.4	0.8	1.4	2.4	5.9	0.9	0.1	0.2	0.2	0.1	0.1	1.6	7.5
South Asia	0.2	0.2	0.1	0.1	0.6	0.1	0.0	0.1	0.0	0.0	0.0	0.3	0.9
Latin America	1.4	0.7	0.2	0.2	2.6	0.2	0.0	0.1	0.1	0.0	0.7	1.0	3.7
All countries	14.5	34.4	6.3	19.6	75.0	8.4	1.2	5.7	3.5	1.8	4.5	25.0	100.0

Share of merchandise imports from low- and middle-income countries, 1991

Direction of merchandise exports, 1991

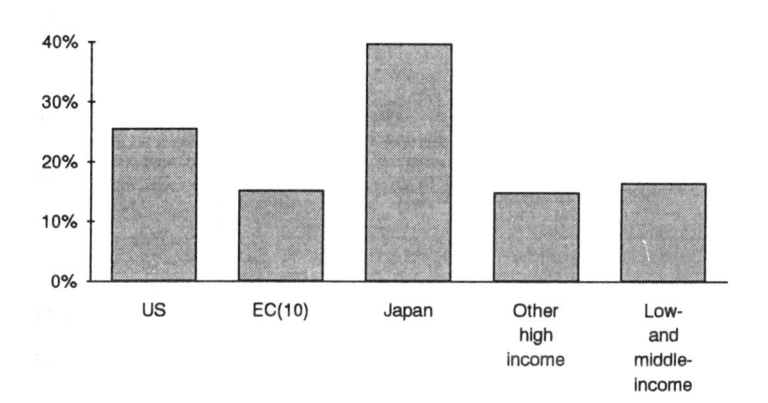

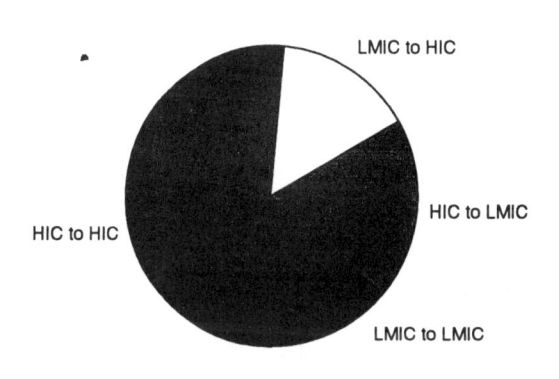

Table 11 — Growth of merchandise trade, by direction, 1981-91

Average annual growth rate (%)

From: \ To:	USA	EC(10)	Japan	Other HIC	All HIC	East Asia	South Asia	Europe	MENA	SSA	LAC	All LMICs	All
All high-income	5.4	5.1	7.9	5.7	5.5	7.9	2.1	3.2	-7.1	-4.6	1.3	1.2	4.4
USA	..	4.1	7.1	7.0	6.0	7.8	1.8	1.1	-4.5	-5.7	3.6	3.1	5.0
EC(10)	4.0	5.2	13.5	4.9	5.2	9.4	2.5	5.0	-7.1	-3.9	-0.7	-0.1	4.1
Japan	5.1	6.8	..	4.9	5.4	6.2	-1.5	-3.9	-13.0	-7.3	-3.2	0.2	3.5
Other high-income	6.7	5.0	6.0	6.1	5.9	9.6	4.3	0.7	-4.8	-4.0	0.7	2.9	5.2
All LMICs 1/	5.6	5.5	6.5	7.7	6.1	8.7	3.5	0.5	-1.9	3.5	2.1	2.3	5.0
East Asia and Pacific	11.0	10.1	8.7	11.5	10.4	14.3	7.5	8.1	2.4	7.4	7.0	9.7	10.3
South Asia	13.1	13.0	9.2	9.7	11.6	9.9	5.2	3.7	-2.8	-2.0	11.2	2.9	8.2
Latin America	4.5	2.0	4.7	2.9	3.5	8.9	-0.6	-5.3	-1.2	-7.6	2.1	0.9	2.7
All countries	5.5	5.2	7.3	6.0	5.6	8.0	2.6	2.3	-6.1	-3.1	1.5	1.4	4.5

1/ Low- and middle-income countries: some regions not shown because of limited data availability.
2/ HIC -- High-income countries; LMIC -- Low- and middle-income countries; MENA -- Middle East and North Africa; SSA -- Sub-Saharan Africa; LAC -- Latin America and Caribbean

Table 12 Direction of trade in manufactures, 1991   Statistical Appendix
Percentage of world trade

From: \ To:	USA	EC(10)	Japan	Other HIC	All HIC	East Asia	South Asia	Europe	MENA	SSA	LAC	All LMICs	All
All high-income	12.7	30.5	3.1	18.6	64.9	7.7	0.8	4.6	3.0	1.6	4.0	21.7	86.6
USA	..	2.5	1.2	4.8	8.4	1.5	0.1	0.2	0.4	0.2	2.1	4.4	12.8
EC(10)	3.6	22.6	1.1	7.6	34.8	1.6	0.4	3.4	1.9	1.0	1.1	9.5	44.3
Japan	3.7	1.5	..	2.9	8.2	2.8	0.1	0.2	0.4	0.2	0.5	4.2	12.4
Other high-income	5.4	3.9	0.8	3.3	13.5	1.7	0.2	0.7	0.4	0.2	0.3	3.6	17.1
All LMICs [1]	2.6	2.6	1.1	3.3	9.7	0.8	0.2	1.3	0.5	0.3	0.7	3.8	13.4
East Asia and Pacific	1.6	0.8	1.0	2.6	6.0	0.6	0.1	0.2	0.2	0.1	0.2	1.4	7.3
South Asia	0.2	0.3	0.1	0.1	0.6	0.0	0.0	0.1	0.0	0.0	0.0	0.2	0.8
Latin America	0.7	0.2	0.1	0.1	1.1	0.1	0.0	0.0	0.0	0.0	0.5	0.7	1.7
All countries	15.4	33.1	4.2	21.9	74.6	8.4	1.0	5.9	3.5	1.9	4.7	25.4	100.0

Growth of manufactured imports from low- and middle-income countries, 1981-91

Growth of manufactured exports, by direction, 1981-91

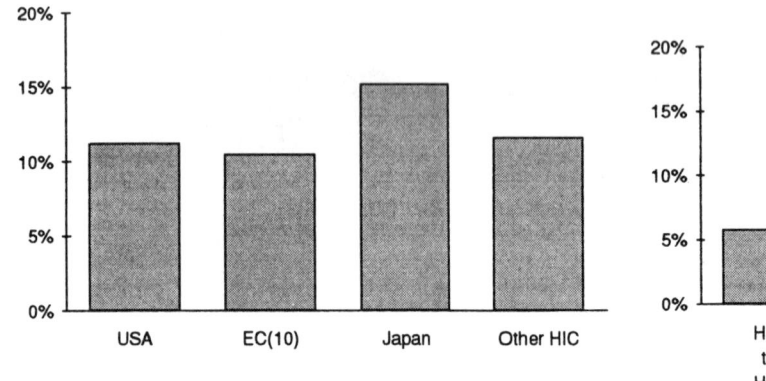

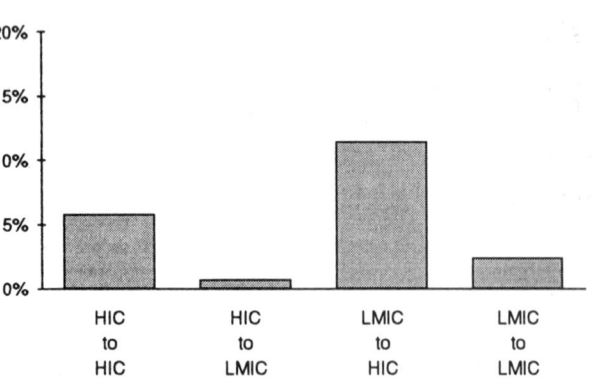

Table 13 Growth of trade in manufactures, by direction 1981-91
Average annual growth rate (%)

From: \ To:	USA	EC(10)	Japan	Other HIC	All HIC	East Asia	South Asia	Europe	MENA	SSA	LAC	All LMICs	All
All high-income	5.9	5.6	11.2	5.4	5.8	8.6	1.8	3.4	-8.5	-5.3	0.9	0.7	4.4
USA	..	6.4	10.6	7.2	7.4	10.4	2.8	4.9	-6.2	-4.4	4.4	4.0	6.2
EC(10)	4.3	5.5	13.0	4.5	5.3	8.2	1.5	4.7	-8.1	-4.9	-1.9	-0.9	3.9
Japan	5.3	7.1	..	5.0	5.6	6.5	-0.9	-3.6	-12.0	-6.9	-3.1	0.3	3.7
Other high-income	7.8	4.8	9.7	5.3	6.3	12.6	5.0	1.0	-7.8	-6.3	-2.3	2.0	5.3
All LMICs [1]	11.2	10.5	15.2	11.6	11.4	16.1	3.9	1.1	-3.7	3.0	3.6	2.4	8.1
East Asia & Pacific	12.9	12.2	16.6	12.7	13.2	18.3	6.6	11.7	1.3	10.1	13.4	10.7	12.8
South Asia	14.8	15.5	18.3	11.3	14.5	19.1	9.5	5.8	-6.0	0.4	19.7	4.7	11.3
Latin America	7.8	4.6	6.9	8.3	6.9	13.1	9.6	3.4	-4.7	-5.3	1.9	1.8	4.7
All countries	6.7	5.9	12.2	6.2	6.4	9.1	2.2	2.7	-7.8	-4.4	1.2	1.0	4.9

[1] Low- and middle-income countries: some regions not shown because of limited data availability.
[2] HIC -- High-income countries; LMIC -- Low- and middle-income countries; MENA -- Middle East and North Africa; SSA -- Sub-Saharan Africa; LAC -- Latin America and Caribbean

How to order
Global Economic Prospects and the Developing Countries 1993

CUSTOMERS IN THE UNITED STATES:

Complete this coupon and return to:
World Bank Publications
Box 7247-8619
Philadelphia, PA 19170-8619, U.S.A.

To have your order shipped faster, call (202) 473-1155 to charge by credit card, or send this completed order coupon by facsimile by dialing (202) 676-0581.

CUSTOMERS OUTSIDE THE UNITED STATES:

Contact your local World Bank publications distributor for information on prices in local currency and payment terms. If no distributor is listed for your country, use this order form and return it to the U.S. address. Orders from countries with distributors that are sent to the U.S. address will be returned to the customer.

Order number	Title/Language Edition	Quantity	Unit price	Total amount ($)
12415	Global Economic Prospects and the Developing Countries 1993		10.95	

* SHIPPING AND HANDLING charges are US$3.50 if paying by check or credit card. If purchase order is used, actual shipping and handling costs will be charged. For air mail delivery outside the U.S., include an additional US$6.00 per item. Allow 6–8 weeks for delivery by surface mail outside the U.S.

Subtotal US $_____
Shipping and handling* US $_____
Total US $_____

CHECK METHOD OF PAYMENT

❑ Enclosed is my check, payable to World Bank Publications.

❑ Charge my   ❑ VISA   ❑ Mastercard   ❑ American Express

_____   _____   _____
Credit card number   Expiration date   Signature

❑ Bill me. (Institutional customers only. Purchase order must be included.)

PLEASE TYPE OR PRINT. Legible information ensures prompt and correct delivery.

Date_____

Name_____

Firm_____

Address_____

_____

City_____ State_____

Postal code_____ Country_____

Telephone (_____)_____

Ship to: (Enter if different from purchaser.)

Name_____

Firm_____

Address_____

_____

City_____ State_____

Postal code_____ Country_____

Telephone (_____)_____

Thank you for your order.

GP93